Mis ejercicios GYM
JUEGOS DE PALABRAS

Àngels Navarro

Mis ejercicios GYM JUEGOS DE PALABRAS

Más de 70 ejercicios para reforzar la competencia lingüística

3 niveles de dificultad

Calcula la puntuación

Àngels Navarro

dirección editorial: JORDI INDURÁIN PONS
edición: CARLOS DOTRES PELAZ
revisión: XIMO CERDÀ
diseño, maqueta y preimpresión: NÚRIA ALTAMIRANO
cubierta: EL TALLER DEL LLIBRE, S. L.

Bac de Roda, 64, 1.ª planta, Local B — 08019 Barcelona · teléfono: 93 241 35 05
clientes@grupoanaya.com

Primera edición: enero 2024
ISBN: 978-84-19739-58-2
Depósito legal: B-18586-2023
1E1I

PAPEL DE FIBRA CERTIFICADA

¿QUÉ SON LOS JUEGOS DE PALABRAS O LUDOLINGÜÍSTICA?

A lo largo de la historia, el ser humano ha experimentado con las palabras. Aunque todos estamos familiarizados con conceptos como la morfología, la sintaxis y la semántica, son pocos quienes conocen la **ludolingüística**, sinónimo de la expresión «juegos de palabras» y término que expresa el uso lúdico del lenguaje. La ludolingüística es una materia interdisciplinaria que combina elementos de la lingüística, la psicología cognitiva, la literatura y la comunicación. Explora el lenguaje en contextos lúdicos, humorísticos, creativos y de entretenimiento, y cómo este puede influir en la comunicación y la cultura.

Los territorios de los juegos lingüísticos son diversos e intergeneracionales, puesto que son tan importantes en la infancia como en la madurez. La intención de este libro es mostrar que los juegos de palabras se encuentran en la frontera entre lo serio y lo lúdico, ya que no solo buscan la diversión en el uso del lenguaje, sino que también son herramientas educativas que ayudan a mejorar la comprensión del lenguaje, la creatividad, el ingenio y la habilidad para jugar con las palabras.

UTILIDAD DE LOS JUEGOS DE PALABRAS

Los juegos de palabras tienen un propósito lúdico y de diversión, pero, como acabamos de señalar, también pueden ser herramientas educativas y creativas. Así, con ellos profundizamos de manera estimulante en el conocimiento y la apreciación de un idioma, enriquecemos nuestra comprensión lingüística, ampliamos vocabulario, desarrollamos habilidades en el uso del lenguaje y, de esta manera, mejoramos nuestra capacidad para comunicarnos de manera efectiva.

Es evidente que la mayoría de los juegos de palabras requieren agudeza de pensamiento, y es por ello que practicar este tipo de actividades contribuye a mantener una mente más activa y creativa. En resumen, los juegos de palabras representan una hermosa manera de interactuar con el lenguaje y de aprender, ya que nunca se es demasiado mayor para asimilar conocimiento.

TIPOS DE JUEGOS

Algunos ejemplos clásicos de juegos de palabras incluyen acertijos, adivinanzas, juegos de palabras cruzadas, trabalenguas... Pero el mundo de los juegos de palabras es muy diverso, y la ludolingüística abarca todas sus variantes. A continuación, presentaré algunos de los juegos más conocidos, excluyendo los crucigramas, que son ampliamente reconocidos a nivel mundial.

1. Anagramas: consisten en formar una serie de palabras que contengan las mismas letras, pero dispuestas en un orden diferente.
2. Lipogramas: en ellos, se omiten ciertas vocales dentro de una frase.
3. Calambures: alteración del significado de una expresión al cambiar de lugar la separación-agrupación de sus palabras.
4. Palíndromos: son palabras que, al igual que los números capicúa, pueden leerse de la misma manera tanto de izquierda a derecha como de derecha a izquierda.
5. Bifrontes: palabras iguales leyéndolas de izquierda a derecha o de derecha a izquierda, pero con significado diferente.

6. **Pangramas:** en estos juegos, el objetivo es utilizar lo menos posible una letra específica en una frase, o, en contraste, emplear todas las letras posibles del alfabeto en una oración.
7. **Palabras homónimas:** que se pronuncian de la misma manera, pero se escriben distintas.
8. **Tautogramas:** se caracterizan por frases o textos que comienzan con la misma letra.
9. **Esponerismos:** transposición de letras o sílabas dentro una palabra para cambiar el sentido.
10. **Metagramas:** juego mediante el cual, partiendo de un vocablo, se llega a otro diferente, pasando por una sucesión de palabras.
11. **Palabras polisémicas:** palabra con multiplicidad de significados.
12. **Logogrifos:** descomposición de una palabra para dar lugar a otras palabras con sus letras o sílabas.

Estos y otros juegos de palabras que encontrarás en el interior del libro ofrecen una amplia gama de posibilidades para explorar y disfrutar del lenguaje de formas creativas y desafiantes.

SOBRE ESTE LIBRO

En este libro presentamos 72 desafíos, divididos en tres niveles de dificultad: fácil, medio y experto. Cada nivel consta de 24 retos. Para cada uno de estos desafíos proporcionamos respuestas, explicaciones y objetivos específicos. Al completar cada ejercicio, también se ofrece una calificación que varía según el nivel de resolución alcanzado. Al término de cada sección se incluye una tabla para calcular la puntuación global obtenida en dicha sección, de acuerdo con las indicaciones de puntuación proporcionadas.

RETOS NIVEL FÁCIL

★

PIRÁMIDE DE PALABRAS

Sigue las pistas y completa la pirámide. Cada respuesta deberá estar formada por las mismas letras —en el orden que sea— que la palabra anterior, más una nueva que deberás agregar.

- VOCAL
- CONTRARIO DE SÍ
- PREPOSICIÓN
- FIGURA GEOMÉTRICA
- RESPIRO RUIDOSO AL DORMIR
- EJE DE LOS VERTEBRADOS

RETO 01 ★ FÁCIL

SOLUCIÓN Y PUNTUACIÓN RETO 01

OBJETIVO DEL JUEGO: Hallar las palabras que componen la pirámide.
TIPOLOGÍA: Escalera de palabras. Juego de cuadrícula en el que se responde a una definición o concepto.

RESPUESTA:

O
N O
C O N
C O N O
R O N C O
T R O N C O

PUNTUACIÓN: / 10

- Has encontrado las 6 palabras: **10 PUNTOS**
- Has encontrado 5 palabras: **8 PUNTOS**
- Has encontrado 3 o 4 palabras: **5 PUNTOS**
- Has encontrado 1 o 2 palabras: **3 PUNTOS**
- No has encontrado ninguna palabra: **0 PUNTOS**

SOLO CON LA A

Atrévete a escribir unas cuantas frases formadas por palabras que solo contienen la vocal «A».

DA LA TALLA, CANALLA.

CANTARÁS BALADAS PARA LAS MASAS.

RETO 02

★

FÁCIL

SOLUCIÓN Y PUNTUACIÓN RETO 02

OBJETIVO DEL JUEGO: Crear frases con palabras que contengan una sola vocal (tautograma).
TIPOLOGÍA: Tautograma: textos o frases que empiezan o contienen una misma letra.

RESPUESTA:

Algunas frases posibles son:

Ana, la azafata, mañana lavará la falda naranja.

Bárbara asa manzanas.

Blas, baja mañana para alargar la masa.

Ya va, mamá, saca la pala para cazar a la rata.

Baja a la planta baja para lavar la cara a Amanda.

La mar calmada da alas a Alba al nadar.

PUNTUACIÓN: / 10

- Has escrito 4 frases: **10 PUNTOS**
- Has escrito 3 frases: **8 PUNTOS**
- Has escrito 2 frases: **5 PUNTOS**
- Has escrito 1 frase: **3 PUNTOS**
- No has escrito ninguna frase: **0 PUNTOS**

3 DEFINICIONES ENGAÑOSAS

Encuentra, entre las tres opciones, la definición correcta para cada palabra.

MÚLTIPLE

1. MULTA TRIPLE.
2. QUE SE PUEDE MULTIPLICAR.
3. DIVERSO, QUE CONTIENE MÁS DE UNA COSA.

DOCUMENTAL

1. PELÍCULA SOBRE SALUD MENTAL.
2. PELÍCULA DE NO FICCIÓN QUE TRATA TEMAS DE INTERÉS CIENTÍFICO, SOCIAL, CULTURAL, ETC.
3. QUE PRUEBA LA VERDAD DE UN DOCUMENTO.

MALABAR

1. FIEBRE INFECCIOSA QUE SE COGE EN LOS BARES.
2. PIEDRA PRECIOSA QUE SE ENCUENTRA EN MALABAR (COSTA SO DE LA INDIA).
3. JUEGO DE DESTREZA, EQUILIBRIO, PRESTIDIGITACIÓN, ETC.

SOLUCIÓN Y PUNTUACIÓN RETO 03

OBJETIVO DEL JUEGO: Buscar el significado correcto de conceptos entre opciones engañosas.
TIPOLOGÍA: Juego de ingenio lingüístico.

RESPUESTA:

MÚLTIPLE →
1. MULTA TRIPLE.
2. QUE SE PUEDE MULTIPLICAR.
3. DIVERSO. QUE CONTIENE MÁS DE UNA COSA.

DOCUMENTAL →
1. PELÍCULA SOBRE SALUD MENTAL.
2. PELÍCULA DE NO FICCIÓN QUE TRATA TEMAS DE INTERÉS CIENTÍFICO, SOCIAL, CULTURAL, ETC.
3. QUE PRUEBA LA VERDAD DE UN DOCUMENTO.

MALABAR →
1. FIEBRE INFECCIOSA QUE SE COGE EN LOS BARES.
2. PIEDRA PRECIOSA QUE SE ENCUENTRA EN MALABAR (COSTA SO DE LA INDIA).
3. JUEGO DE DESTREZA, EQUILIBRIO, PRESTIDIGITACIÓN, ETC.

PUNTUACIÓN: / 10

- Has acertado todas: **10 PUNTOS**
- Has acertado dos: **6 PUNTOS**
- Has acertado una: **3 PUNTOS**
- No has acertado ninguna: **0 PUNTOS**

CORTA	LENGUAS
ARMA	CHINAS
PARA	CESTO
ROMPE	CHOQUES
BALON	DURA
TIRA	MOSCAS
MATA	HIELOS
TRABA	PLUMA

PALABRAS COMPUESTAS

Las palabras que hay a continuación son palabras compuestas que están mal formadas. Recompón las palabras correctamente.

RETO 04

★

FÁCIL

SOLUCIÓN Y PUNTUACIÓN RETO 04

OBJETIVO DEL JUEGO: Recomponer palabras compuestas.
TIPOLOGÍA: Palabras compuestas.

RESPUESTA:

CORTA	PLUMAS	BALON	CESTO
ARMA	DURA	TIRA	CHINAS
PARA	CHOQUES	MATA	MOSCAS
ROMPE	HIELOS	TRABA	LENGUAS

PUNTUACIÓN: / 10

- Has acertado todas: **10 PUNTOS**
- Has acertado entre 5 y 7: **7 PUNTOS**
- Has acertado entre 1 y 4: **3 PUNTOS**
- No has acertado ninguna: **0 PUNTOS**

DESAY1

BIZC8

SIN0

ES3

PALABRAS NÚMERO

¿Puedes identificar estas palabras que incluyen números? ¿Te atreves a buscar algunas más de estas palabras con números ocultos?

RETO 05

★

FÁCIL

SOLUCIÓN Y PUNTUACIÓN RETO 05

OBJETIVO DEL JUEGO: Descubrir palabras que contengan números entre sus sílabas.
TIPOLOGÍA: Juego de ingenio lingüístico.

RESPUESTA:

DESAYUNO, BIZCOCHO, SINCERO, ESTRÉS

Otras opciones son: RE9 (renueve), 6MO (seísmo) RE1 (reúno) RECA2 (recados), RETENI2 (retenidos).

PUNTUACIÓN: / 10

- Cuenta **UN PUNTO POR CADA PALABRA** que hayas acertado, y otro por cada nueva palabra que hayas descubierto, hasta un máximo de **10 PUNTOS**

SEIS ANTÓNIMOS

Enlaza las parejas de antónimos con una línea.

OSCURO	SECO
PRIVADO	ATREVIDO
PRUDENTE	ÁSPERO
PRIMERO	PÚBLICO
MOJADO	CLARO
SUAVE	ÚLTIMO

RETO 06

★ FÁCIL

SOLUCIÓN Y PUNTUACIÓN RETO 06

OBJETIVO DEL JUEGO: Encontrar los antónimos de diversas palabras.
TIPOLOGÍA: Sinónimos y antónimos.

RESPUESTA:

PUNTUACIÓN: / 10

- Has acertado todas: **10 PUNTOS**
- Has acertado 4 o 5: **7 PUNTOS**
- Has acertado 1, 2 o 3: **3 PUNTOS**
- No has acertado ninguna: **0 PUNTOS**

PALABRAS ENCADENADAS

Fíjate en las imágenes, cada una corresponde a una de las palabras que debes encadenar. Parte de la primera ya escrita y ve completando la cadena.

NUBE

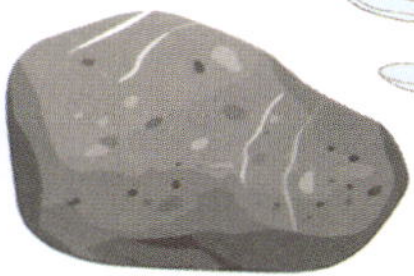

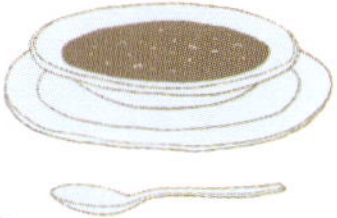

RETO 07

★ FÁCIL

SOLUCIÓN Y PUNTUACIÓN RETO 07

OBJETIVO DEL JUEGO: Hallar palabras cuya primera sílaba coincida con la última de la anterior.
TIPOLOGÍA: Palabras encadenadas.

RESPUESTA:

NUBE — BESO — SOPA — PATO — TORO — ROCA — CASA

PUNTUACIÓN: / 10

- Has acertado todas: **10 PUNTOS**
- Has acertado 4 o 5: **7 PUNTOS**
- Has acertado 1, 2 o 3: **3 PUNTOS**
- No has acertado ninguna: **0 PUNTOS**

BUSCANDO PALABRAS

Completa las casillas con las palabras que coincidan con cada definición. Si lo haces correctamente, se formará una palabra en vertical. No tengas en cuenta los acentos.

- Recipiente para tirar papeles.
- Instrumento musical con teclas.
- Partes que sobresalen de una superficie.
- Premio por una victoria.
- Rojo fuerte con un toque de morado.
- Que se encarga de curar.
- Actividad o ejercicio físico.

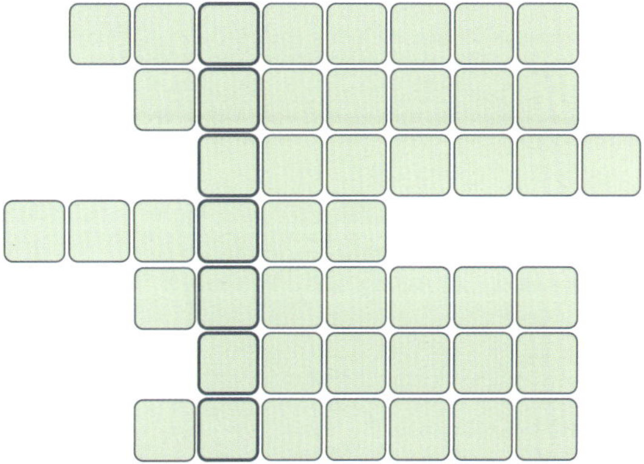

RETO 08

★ FÁCIL

SOLUCIÓN Y PUNTUACIÓN RETO 08

OBJETIVO DEL JUEGO: Responder a las definiciones y hallar el acróstico.
TIPOLOGÍA: Juego de cuadrícula en el que se responde a una definición o concepto.

RESPUESTA:

La palabra vertical es **PERFUME**

	P	A	P	E	L	E	R	A	
		T	E	C	L	A	D	O	
			R	E	L	I	E	V	E
T	R	O	F	E	O				
		P	U	R	P	U	R	A	
			M	E	D	I	C	O	
		D	E	P	O	R	T	E	

PUNTUACIÓN: / 10

- Has acertado todas: **10 PUNTOS**
- Has acertado 5 o 6: **7 PUNTOS**
- Has acertado entre 1 y 4: **3 PUNTOS**
- No has acertado ninguna: **0 PUNTOS**

CAMBIO DE LETRA

Modificando una única letra de cada palabra las convertirás en nombres de animales. Ignora los acentos. Observa el ejemplo.

ARCILLA	→ ARDILLA	BATA	→
PASTOR	→	CANTERA	→
COGOTE	→	BOCA	→
LIMÓN	→	RATO	→
OREJA	→	VARA	→
CARTERO	→	GORRO	→

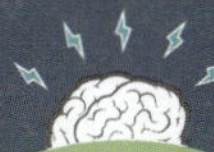

RETO 09

FÁCIL

SOLUCIÓN Y PUNTUACIÓN RETO 09

OBJETIVO DEL JUEGO: Sustituir una letra para conseguir una nueva palabra.
TIPOLOGÍA: Esponerismo. Transposición de letras o sílabas para llegar a otra palabra.

RESPUESTA:

ARCILLA	→	ARDILLA	CARTERO	→	CARNERO	BOCA	→	FOCA
PASTOR	→	CASTOR	OREJA	→	OVEJA	RATO	→	GATO
COGOTE	→	COYOTE	BATA	→	RATA	VARA	→	VACA
LIMÓN	→	LIRÓN	CANTERA	→	PANTERA	GORRO	→	ZORRO

PUNTUACIÓN: / 10

- Has acertado todas: **10 PUNTOS**
- Has acertado entre 10 y 12: **8 PUNTOS**
- Has acertado entre 5 y 9: **5 PUNTOS**
- Has acertado entre 1 y 4: **3 PUNTOS**
- No has acertado ninguna: **0 PUNTOS**

PALABRAS OCULTAS

El autor de este guion cinematográfico ha ocultado en él el nombre de ocho frutas. Fíjate en el ejemplo, olvídate de los acentos y encuentra las ocho frutas.

RETO 10 ★ FÁCIL

Ayer me agredieron en plena calle, estaba seguro de conocer a los ladrones, pero ellos ***me lo n****egaron. Me sustrajeron un reloj de plata, no sé si había sido de mi padre o de mi abuelo. Pasan días y no puedo sacarme el susto de encima, el temor a que me vuelva a ocurrir me tiene encerrado en casa, mientras los delincuentes calman golosos sus culpas comiendo pizza y bebiendo cerveza. La policía espera encontrar rápido a los ladrones, ¡como siempre! Pero mientras, el que sufre sabe que los robos en esta ciudad ingobernable no terminarán jamás. A ver si deberemos decirlo en mandarín a nuestros políticos, ¡para que lo entiendan!*

SOLUCIÓN Y PUNTUACIÓN RETO 10

OBJETIVO DEL JUEGO: Encontrar palabras entre líneas.
TIPOLOGÍA: Juego de ingenio lingüístico.

RESPUESTA:

Ayer me agredieron en plena calle, estaba seguro de conocer a los ladrones, pero ellos **me lo n**egaron. Me sustrajeron un reloj de **plata, no** sé si había sido de mi padre o de mi abuelo. Pa**san días** y no puedo sacarme el susto de encima, el te**mor a** que me vuelva a ocurrir me tiene encerrado en casa, mientras los delincuentes cal**man go**losos sus culpas comiendo pizza y bebiendo cerveza. La policía es**pera** encontrar rápido a los ladrones, ¡como siempre! Pero mientras, el que su**fre sa**be que los robos en esta ciudad ingobernable no termi**narán ja**más. A ver si deberemos decirlo en **mandarín a** nuestros políticos, ¡para que lo entiendan!

PUNTUACIÓN: / 10

- Has encontrado todas: **10 PUNTOS**
- Has encontrado entre 5 y 7: **7 PUNTOS**
- Has encontrado entre 1 y 4: **3 PUNTOS**
- No has encontrado ninguna: **0 PUNTOS**

PALABRAS POLISÉMICAS

Las palabras polisémicas son aquellas que tienen más de un significado. Identifica una palabra polisémica para cada pareja de definiciones proporcionadas a continuación.

ASIENTO		ENTIDAD FINANCIERA
UTENSILIO PARA ABRIR LAS PUERTAS		HERRAMIENTA PARA LAS TUERCAS
PIEZA DE TELA QUE IMPULSA UNA EMBARCACIÓN		QUE PRODUCE LUZ
CALZADO		RECIPIENTE DE VINO
LUGAR DONDE SE EXTRAEN MINERALES		EXPLOSIVO ENTERRADO
PARTE DEL CUERPO		IDIOMA
VASO CON PIE		TROFEO

RETO 11

★

FÁCIL

SOLUCIÓN Y PUNTUACIÓN RETO 11

OBJETIVO DEL JUEGO: Encontrar palabras polisémicas con doble significado.
TIPOLOGÍA: Palabras polisémicas (multiplicidad de significados de una palabra).

RESPUESTA:

ASIENTO	BANCO	ENTIDAD FINANCIERA
UTENSILIO PARA ABRIR LAS PUERTAS	LLAVE	HERRAMIENTA PARA LAS TUERCAS
PIEZA DE TELA QUE IMPULSA UNA EMBARCACIÓN	VELA	QUE PRODUCE LUZ
CALZADO	BOTA	RECIPIENTE DE VINO
LUGAR DONDE SE EXTRAEN MINERALES	MINA	EXPLOSIVO ENTERRADO
PARTE DEL CUERPO	LENGUA	IDIOMA
VASO CON PIE	COPA	TROFEO

PUNTUACIÓN: / 10

- Has acertado todas: **10 PUNTOS**
- Has acertado 5 o 6: **8 PUNTOS**
- Has acertado 3 o 4: **5 PUNTOS**
- Has acertado 1 o 2: **3 PUNTOS**
- No has acertado ninguna: **0 PUNTOS**

PALABRAS MUSICALES

Completa estas palabras con el nombre de notas musicales: do, re, mi, fa sol, la, si.

___DA__ SOB___ ____NA F___SCO DICTA__

TIMB__ DA__ SOMB__RO POB__CIÓN AB__MEN

RAMB__ COB__ ___STICIO __MPLE AL__ __RADA

____NÓ __EMPRE __E__ __BU__ CO__DA ____NA

RETO 12

★

FÁCIL

SOLUCIÓN Y PUNTUACIÓN RETO 12

OBJETIVO DEL JUEGO: Completar palabras con notas musicales.
TIPOLOGÍA: Juego de ingenio y vocabulario.

RESPUESTA:

SOLDADO	SOBRE	LÁMINA	FRESCO	DICTADO	
TIMBRE	DADO	SOMBRERO	POBLACIÓN	ABDOMEN	
RAMBLA	COBRE	SOLSTICIO	SIMPLE	ALFA	MIRADA
DOMINÓ	SIEMPRE	MIEDO	FÁBULA	COMIDA	SIRENA

PUNTUACIÓN: / 10

- Has acertado todas: **10 PUNTOS**
- Has acertado entre 15 y 21: **8 PUNTOS**
- Has acertado entre 8 y 14: **5 PUNTOS**
- Has acertado entre 1 y 7: **3 PUNTOS**
- No has acertado ninguna: **0 PUNTOS**

BABA

COCO

NANA

SÍLABAS REPETIDAS

Encuentra al menos diez palabras con las sílabas repetidas. Fíjate en los ejemplos.

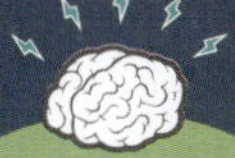

RETO 13

★

FÁCIL

OBJETIVO DEL JUEGO: Encontrar palabras solo de dos sílabas repetidas.
TIPOLOGÍA: Palabras con sílaba repetida.

RESPUESTA:

Otras posibles palabras son:

bebé, yoyó, mamá, papá, tutú, cuscús, cancán, tantán, guagua, gluglú, runrún, tuntún.

PUNTUACIÓN: / 10

- Has encontrado 10 palabras: **10 PUNTOS**
- Has encontrado entre 7 y 9: **8 PUNTOS**
- Has encontrado entre 4 y 6: **5 PUNTOS**
- Has encontrado entre 1 y 3: **3 PUNTOS**
- No has encontrado ninguna: **0 PUNTOS**

FRASES HECHAS

Selecciona la opción adecuada para completar cada frase hecha.

AL MAL TIEMPO BUENA	CARA / MANO
MÁS VALE TARDE QUE	SIEMPRE / NUNCA
CADA LOCO CON SU	CAMA / TEMA
LA GOTA QUE COLMA EL	VASO / PLATO
EN BOCA CERRADA NO ENTRAN	PERROS / MOSCAS
MÁS VALE PREVENIR QUE	CURAR / CURRAR
NO HAY MAL QUE POR BIEN NO	AGUANTE / VENGA

RETO 14 ★ FÁCIL

SOLUCIÓN Y PUNTUACIÓN RETO 14

OBJETIVO DEL JUEGO: Finalizar frases hechas populares.
TIPOLOGÍA: Conocimiento de la lengua.

RESPUESTA:

AL MAL TIEMPO BUENA	CARA / MANO
MÁS VALE TARDE QUE	SIEMPRE / NUNCA
CADA LOCO CON SU	CAMA / TEMA
LA GOTA QUE COLMA EL	VASO / PLATO
EN BOCA CERRADA NO ENTRAN	PERROS / MOSCAS
MÁS VALE PREVENIR QUE	CURAR / CURRAR
NO HAY MAL QUE POR BIEN NO	AGUANTE / VENGA

PUNTUACIÓN: / 10

- Has acertado todas: **10 PUNTOS**
- Has acertado 5 o 6: **8 PUNTOS**
- Has acertado 3 o 4: **5 PUNTOS**
- Has acertado 1 o 2: **3 PUNTOS**
- No has acertado ninguna: **0 PUNTOS**

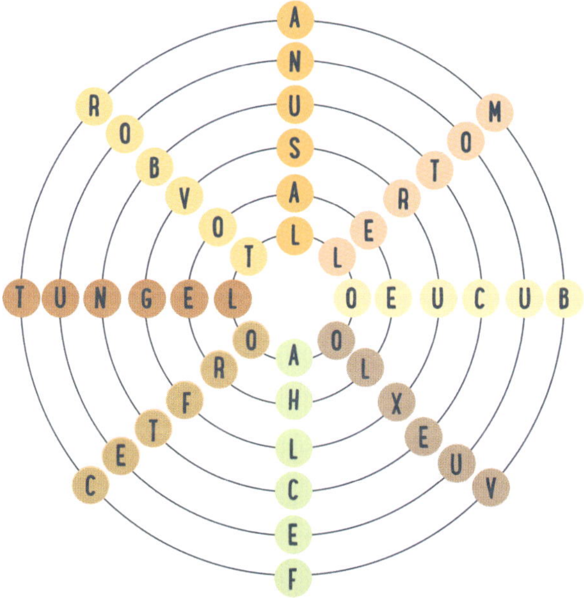

DIANA DE PALABRAS

En esta diana se esconden ocho palabras que podrás descubrir eliminando una de las circunferencias y leyéndolas de fuera hacia dentro.

RETO 15

★

FÁCIL

SOLUCIÓN Y PUNTUACIÓN RETO 15

OBJETIVO DEL JUEGO: Limpiar letras sobrantes para encontrar palabras con significado.
TIPOLOGÍA: Juego de ingenio y vocabulario.

RESPUESTA:

La circunferencia que hay que eliminar es la cuarta empezando de fuera hacia dentro.

Las ocho palabras ocultas, empezando por arriba y el centro, son: **ANUAL, MOTEL, BUCEO, VUELO, FECHA, CETRO, TUNEL, ROBOT.**

PUNTUACIÓN: / 10

- Has encontrado la circunferencia sobrante y dado con todas las palabras: **10 PUNTOS**
- No lo has conseguido: **0 PUNTOS**

PENTAVOCÁLICAS

Fíjate en las definiciones y encuentra ocho palabras que contengan las cinco vocales.

MUJER QUE NOS HACE CREER QUE UN MUÑECO HABLA ....

EL PADRE DEL PADRE DE MI PADRE ....

AFICIONADA AL ESTUDIO ....

FASE FINAL DEL LAVADO EN LAVADORA ....

LA QUE ESTÁ ENTRE DOS CATETOS ....

RETO
16
★
FÁCIL

SOLUCIÓN Y PUNTUACIÓN RETO 16

OBJETIVO DEL JUEGO: Encontrar palabras que contengan las cinco vocales (pentavocálicas).
TIPOLOGÍA: Palabras pentavocálicas (que contienen las cinco vocales).

RESPUESTA:

MUJER QUE NOS HACE CREER QUE UN MUÑECO HABLA ....VENTRÍLOCUA....

EL PADRE DEL PADRE DE MI PADRE ....BISABUELO....

AFICIONADA AL ESTUDIO ....ESTUDIOSA....

FASE FINAL DEL LAVADO EN LAVADORA ....CENTRIFUGADO....

LA QUE ESTÁ ENTRE DOS CATETOS ....HIPOTENUSA....

PUNTUACIÓN: / 10

- Has encontrado las 5: **10 PUNTOS**
- Has encontrado 3 o 4: **7 PUNTOS**
- Has encontrado 1 o 2: **3 PUNTOS**
- No has encontrado ninguna: **0 PUNTOS**

LA LETRA CAMBIANTE

Encuentra la letra inicial necesaria para completar la palabra que coincide con cada definición.

_ARO	NIEBLA PERSISTENTE
_ARO	COSTOSO
_ARO	HUELGA
_ARO	TORRE COSTERA
_ARO	EXCEPCIONAL

RETO 17

★

FÁCIL

SOLUCIÓN Y PUNTUACIÓN RETO 17

OBJETIVO DEL JUEGO: Cambiar solo la inicial para encontrar nuevas palabras (metagrama).
TIPOLOGÍA: Esponerismo.

RESPUESTA:

TARO	NIEBLA PERSISTENTE
CARO	COSTOSO
PARO	HUELGA
FARO	TORRE COSTERA
RARO	EXCEPCIONAL

PUNTUACIÓN: / 10

- Has encontrado las 5: **10 PUNTOS**
- Has encontrado 3 o 4: **7 PUNTOS**
- Has encontrado 1 o 2: **3 PUNTOS**
- No has encontrado ninguna: **0 PUNTOS**

PALABRAS MALETA

Las palabras «maleta» eran un recurso que utilizaba Lewis Carroll. Son palabras con significado que a su vez contienen dos palabras, cada una igualmente con su propio significado. Fíjate en las que hay en la página, encuentra las palabras que contienen y busca más.

PEZUÑA ANDALUZ DIAMANTE ASCENSOR

RETO 18 ★ FÁCIL

SOLUCIÓN Y PUNTUACIÓN RETO 18

OBJETIVO DEL JUEGO: Encontrar las dos palabras contenidas en una (palabras maleta).
TIPOLOGÍA: Palabras maleta (palabra que contiene otras dos palabras).

RESPUESTA:

Hay muchas palabras «maleta»:

PEZ-UÑA, ANDA-LUZ, DIA-AMANTE, AS-CENSOR, MONA-ARCA, RE-MOJAR, GOL-OSO, CALA-BAZA, AVE-LLANO, COL-LIRIO, COL-GAJO, ALA-ARMA...

PUNTUACIÓN: / 10

Cuenta **UN PUNTO POR CADA PALABRA** que hayas descubierto, hasta un máximo de **10 PUNTOS**

PALABRAS CON CONSONANTES

Completa las siguientes palabras usando el nombre de letras consonantes, por ejemplo: ce, pe, etcétera.

___	___	RA	TA	___	___
___	___	NA	PE	___	___
___	PEN	___	___	REN	___

RETO 19

★ FÁCIL

SOLUCIÓN Y PUNTUACIÓN RETO 19

OBJETIVO DEL JUEGO: Componer palabras con el nombre de consonantes.
TIPOLOGÍA: Formar palabras con el nombre de consonantes.

RESPUESTA:

TE	TE	RA	TA	PE	TE
DE	CE	NA	PE	CE	RA
DE	PEN	DE	GE	REN	TE

PUNTUACIÓN: / 10

- Has completado todas: **10 PUNTOS**
- Has completado 4 o 5: **7 PUNTOS**
- Has completado 1, 2 o 3: **3 PUNTOS**
- No has completado ninguna: **0 PUNTOS**

PALABRAS CRUZADAS

Busca la respuesta a las definiciones y sitúalas en el lugar adecuado de estas casillas cruzadas. No te líes con las «B» y las «V».

1 • Mirar a lo lejos.

2 • Prueba, examen.

3 • Ave de color blanco que vive en las costas y se alimenta de peces.

4 • Monte con un cráter en su cima.

5 • Palabra.

6 • Tipo de cortina de ventana que, aun siendo fina y transparente, impide que se vea el interior.

7 • Cueva.

8 • Animal que no tiene huesos.

9 • Esparcir un líquido en gotas muy pequeñas.

10 • De Bolivia.

11 • Cinta con imágenes y sonidos grabados.

12 • Baile lento.

13 • Aperitivo.

14 • Referente al verano.

15 • Precipitación en forma de pequeños cristales.

RETO 20

★

FÁCIL

SOLUCIÓN Y PUNTUACIÓN RETO 20

RESPUESTA:

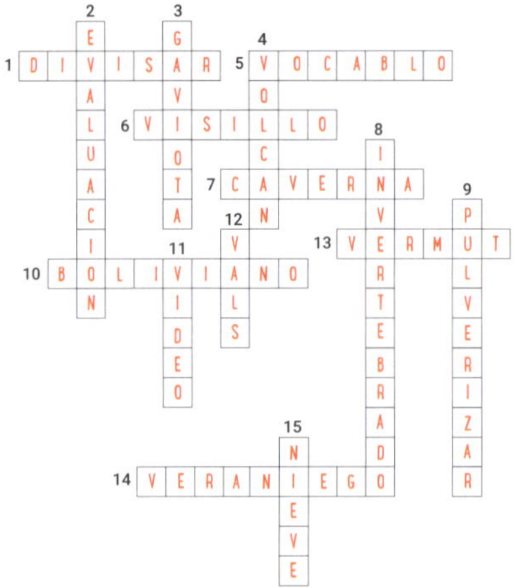

OBJETIVO DEL JUEGO: Completar una parrilla respondiendo a definiciones.
TIPOLOGÍA: Palabras cruzadas.
Juego de cuadrícula en el que se responde a una definición o concepto.

PUNTUACIÓN: / 10

- Has encontrado las 15: **10 PUNTOS**
- Has encontrado entre 10 y 14: **8 PUNTOS**
- Has encontrado entre 6 y 9: **5 PUNTOS**
- Has encontrado entre 1 y 5: **3 PUNTOS**
- No has encontrado ninguna: **0 PUNTOS**

PREFIJOS Y SUFIJOS

Completa las siguientes palabras utilizando los prefijos o sufijos proporcionados debajo del enunciado.

ILLA · SUPER · EXTRA · ÍSIMO · LOGÍA · AUTO · TORIO · SUB

	ESCOLAR			ZOO	
	CLAR			CONTROL	
	MARINO			FINO	
	LABORA			BLANQU	

RETO 21 ★ FÁCIL

SOLUCIÓN Y PUNTUACIÓN RETO 21

OBJETIVO DEL JUEGO: Añadir prefijos y sufijos para componer palabras.
TIPOLOGÍA: Prefijos y sufijos.

RESPUESTA:

PRE	ESCOLAR			ZOO	LOGÍA
	CLAR	ÍSIMO	AUTO	CONTROL	
SUB	MARINO		SUPER	FINO	
	LABORA	TORIO		BLANQU	ILLA

PUNTUACIÓN: / 10

- Has completado las 8: **10 PUNTOS**
- Has completado 6 o 7: **8 PUNTOS**
- Has completado 4 o 5: **5 PUNTOS**
- Has completado entre 1 y 3: **3 PUNTOS**
- No has completado ninguna: **0 PUNTOS**

RAMA – AMAR

AVAL – LAVA

SAPOS – SOPAS

AZAR – RAZA

PALABRAS BIFRONTE

Las palabras que ves a la izquierda se llaman «bifrontes» porque se leen igual de izquierda a derecha que de derecha a izquierda, pero tienen significados distintos.
¿Puedes encontrar más ejemplos con estas características?

SOLUCIÓN Y PUNTUACIÓN RETO 22

OBJETIVO DEL JUEGO: Encontrar palabras con significado distinto al leerlas de un lado u otro «palabras bifrontes».
TIPOLOGÍA: «Palabras bifrontes» (que se leen en ambos sentidos y tienen significados diferentes).

RESPUESTA:

Otras palabras «bifrontes» son:

ADÁN-NADA	RÍO-OÍR	LAICOS-SOCIAL
OMAR-RAMO	ANIMAL-LÁMINA	ZORRA-ARROZ
AMOR-ROMA	ÁGIL-LIGA	RATA-ATAR

PUNTUACIÓN: / 10

Cuenta **DOS PUNTOS POR CADA PALABRA** que hayas descubierto, hasta un máximo de **10 PUNTOS**

DRENAJE › Bebida desagradable › BREBAJE

DESOLAR › Comer con avidez ›

PIEDRA › Planeta del sistema solar ›

CORONA › Confortable ›

DERECHO › Cierto tipo de plantas ›

MÉRITO › Persona o animal con cierta lesión ›

CAMBIO DE LETRA

Sustituye dos consonantes en cada palabra de manera que la palabra resultante concuerde con la definición que se encuentra al lado. No es necesario considerar los acentos. Fíjate en el ejemplo.

RETO 23

★

FÁCIL

SOLUCIÓN Y PUNTUACIÓN RETO 23

OBJETIVO DEL JUEGO: Cambiar dos letras para transformar palabras en nuevas palabras (metagrama).
TIPOLOGÍA: Esponerismo.

RESPUESTA:

DRENAJE › Bebida desagradable › BREBAJE

DESOLAR › Comer con avidez › DEVORAR

PIEDRA › Planeta del sistema solar › TIERRA

DERECHO › Cierto tipo de plantas › HELECHO

CORONA › Confortable › CÓMODA

MÉRITO › Persona o animal con cierta lesión › HERIDO

PUNTUACIÓN: / 10

- Has resuelto todas: **10 PUNTOS**
- Has resuelto 4 o 5: **7 PUNTOS**
- Has resuelto 1, 2 o 3: **3 PUNTOS**
- No has resuelto ninguna: **0 PUNTOS**

TAUTOGRAMAS

Un tautograma es un texto o una frase donde todas las palabras comienzan con la misma letra. Observa el ejemplo y crea seis frases siguiendo este criterio. Puedes elegir las letras que desees, pero para cada frase debes utilizar una letra diferente.

ENRIQUE ENCONTRÓ ENORMES ELEFANTES EN EGIPTO.

RETO 24

★

FÁCIL

SOLUCIÓN Y PUNTUACIÓN RETO 24

OBJETIVO DEL JUEGO: Crear frases donde las iniciales sean las mismas (tautograma).
TIPOLOGÍA: Tautograma (textos o frases que empiezan o contienen una misma letra).

RESPUESTA:

Algunos ejemplos de tautogramas son:

- Arturo arregla artefactos.
- Laura lucía lindos lirios lilas.
- Ana avisó anoche al atractivo aviador americano.
- Carlos canta canciones comiendo caramelos.
- Pedro prepara postres para pequeños pacientes.
- Sara salta sola sobre su silla.
- Eladio emite electrofrecuencias estelares.
- Luis leyó lentamente, las lágrimas llenaban los libros.

PUNTUACIÓN: / 10

Cuenta **DOS PUNTOS POR CADA FRASE** que hayas escrito, hasta un máximo de **10 PUNTOS**

RECUENTO DE PUNTUACIÓN

Calcula tu puntuación y nota de eficacia en juegos de palabras de nivel fácil, según el reto planteado.

TIPOLOGÍA	INGENIO LINGÜÍSTICO	ESPONERISMOS	JUEGOS DE CUADRÍCULA	TAUTOGRAMAS	SINÓNIMOS Y ANTÓNIMOS	PREFIJOS Y SUFIJOS	BIFRONTES Y PALÍNDROMOS	PALABRAS PENTAVOCÁLICAS	OTROS
Nº DE RETO	3, 5, 10, 12, 15	9, 17, 23	1, 8, 20	2, 24	6	21	22	16	4, 7, 11, 13, 14, 18, 19
Suma de las puntuaciones dividida por el número de preguntas	___ / 5	___ / 3	___ / 3	___ / 2	________	________	________	________	___ / 7
PUNTUACIÓN TOTAL sobre 10	________	________	________	________	________	________	________	________	______

RETOS NIVEL MEDIO

★★

DIVÁN			VA
UNIDO			DO
CEDEN			EN
APOYO			YO
OCASO			AS
LUNAR			UN

DECAPITACIONES

Elimina una letra de cada palabra hasta llegar a la palabra de destino. No pueden desordenarse las letras, pero olvídate de los acentos.

RETO 25

★★

MEDIO

SOLUCIÓN Y PUNTUACIÓN RETO 25

OBJETIVO DEL JUEGO: Buscar nuevas palabras sustrayendo letras.
TIPOLOGÍA: Esponerismo: sustitución de letras o sílabas dentro de una frase que hace cambiar su significado.

RESPUESTA:

A continuación verás una posible secuencia de soluciones. Puede haber más.

DIVÁN, IVÁN, VAN, VA

UNIDO, NIDO, IDO, DO

CEDEN, EDÉN, DEN, EN

APOYO, POYO, OYÓ, YO

OCASO, CASO, ASÓ, AS

LUNAR, LUNA, UNA, UN

PUNTUACIÓN: / 10

- Has encontrado las 6 series: **10 PUNTOS**
- Has encontrado 4 o 5 series: **7 PUNTOS**
- Has encontrado de 1 a 3 series: **3 PUNTOS**
- No has encontrado ninguna serie: **0 PUNTOS**

TRIÁNGULO DE PALABRAS

Escribe en las casillas las palabras que corresponden a las definiciones. Cada nivel incluye las mismas letras que el nivel anterior, más una letra adicional. El orden de las letras puede variar.

- VOCAL
- EXISTE
- EL INFINITIVO DE LA PALABRA ANTERIOR
- NÚMERO DE LETRAS DE LA PALABRA PREVIA
- OPUESTO A LA SUMA
- DÍA DE LA SEMANA
- EN FÚTBOL, LANZAMIENTOS AL ARCO CONTRARIO

RETO 26

★★

MEDIO

SOLUCIÓN Y PUNTUACIÓN RETO 26

OBJETIVO DEL JUEGO: Hallar las palabras que componen la pirámide.
TIPOLOGÍA: Juego de cuadrícula en el que se responde a una definición o concepto.

RESPUESTA:

E						
E	S					
S	E	R				
T	R	E	S			
R	E	S	T	A		
M	A	R	T	E	S	
R	E	M	A	T	E	S

PUNTUACIÓN: / 10

- Has escrito las 7 palabras: **10 PUNTOS**
- Has escrito entre 4 y 6 palabras: **7 PUNTOS**
- Has escrito entre 1 y 3 palabras: **3 PUNTOS**
- No has escrito ninguna palabra: **0 PUNTOS**

LAS SÍLABAS QUE FALTAN

Coloca en cada fila una de las agrupaciones de dos sílabas de una de las opciones, A, B o C, para formar dos palabras (encadenadas por una sílaba común) por fila.

PIS		NA		RAL
AU		CAR		RA
CER		CAL		RA

OPCIÓN A: TO-CI / SA-CA / VI-CA

OPCIÓN B: CI-TU / TO-TE / VI-DE

OPCIÓN C: TU-CA / TO-CI / VI-DE

RETO 27

★★

MEDIO

SOLUCIÓN Y PUNTUACIÓN RETO 27

OBJETIVO DEL JUEGO: Completar palabras.
TIPOLOGÍA: Juego de vocabulario.

RESPUESTA:

La opción correcta es la **B**. Las palabras que se formarían son:

PIS	CI	NA	TU	RAL
AU	TO	CAR	TE	RA
CER	VI	CAL	DE	RA

PUNTUACIÓN: / 10

- Has acertado la opción correcta: **10 PUNTOS**
- No has acertado la opción correcta: **0 PUNTOS**

RETO 28

MEDIO

MUTACIONES

Completa las casillas con nombres de mujer de cinco letras, de modo que de un nombre al siguiente cambien dos letras. Las letras por reemplazar son las de las casillas coloreadas. El resto de letras que no se reemplacen deben permanecer en la misma posición.

SOLUCIÓN Y PUNTUACIÓN RETO 28

OBJETIVO DEL JUEGO: Relacionar las dos palabras, interponiendo otras palabras que se diferencian de la anterior en una sola letra.
TIPOLOGÍA: Mutación o palabras seriadas a partir del cambio de una letra. Esponerismo.

RESPUESTA:

C	E	L	I	A
J	U	L	I	A
N	U	R	I	A
N	E	R	E	A
B	E	R	T	A
M	A	R	T	A
C	A	R	L	A
P	A	U	L	A
L	A	U	R	A

PUNTUACIÓN: / 10

- Has encontrado los 7 nombres: **10 PUNTOS**
- Has encontrado entre 4 y 6: **7 PUNTOS**
- Has encontrado entre 1 y 3: **3 PUNTOS**
- No has encontrado ninguno: **0 PUNTOS**

LINGÜÍSTICA CURIOSA

1. ¿QUÉ PALABRA DE SIETE LETRAS SE QUEDA CON UNA SOLA SI PIERDE CUATRO?
2. ¿CUÁL ES LA ÚNICA PALABRA EN ESPAÑOL QUE CONTIENE CINCO VECES LA LETRA «R»?
3. ¿CUÁL ES EL ÚNICO NÚMERO QUE NO INCLUYE LA «E» NI LA «O»?
4. ¿LAS PALABRAS «MURCIÉGALO», «VAGAMUNDO» Y «ASÍN» ESTÁN REGISTRADAS EN EL DICCIONARIO DE LA RAE?
5. LA PALABRA «OÍA». ¿CUÁNTAS LETRAS Y SÍLABAS TIENE?
6. ¿CUÁL ES EL ÚNICO NÚMERO QUE SE REPRESENTA CON LA MISMA CANTIDAD DE LETRAS QUE INDICA SU NOMBRE?
7. ¿PUEDES PENSAR EN UN NOMBRE MASCULINO QUE CONTENGA LAS CINCO VOCALES SIN REPETIRLAS?
8. ¿CONOCES ALGUNA PALABRA CON SEIS «O»?
9. SI TUVIERAS QUE ORDENAR ALFABÉTICAMENTE LOS NÚMEROS DEL 1 AL 1000, ¿CUÁL SERÍA EL ÚLTIMO DE LA LISTA?

SOLUCIÓN Y PUNTUACIÓN RETO 29

OBJETIVO DEL JUEGO: Responder con ingenio a preguntas curiosas.
TIPOLOGÍA: Ingenio lingüístico y vocabulario.

RESPUESTA:

1. LA PALABRA «NINGUNA». SI PIERDE SUS CUATRO LETRAS INICIALES, SE CONVIERTE EN «UNA».
2. FERROCARRILERO.
3. MIL.
4. SÍ, ESTÁN RECOGIDAS EN EL DICCIONARIO, AUNQUE SE CONSIDEREN VULGARISMOS O PALABRAS MAL ESCRITAS.
5. TIENE TRES LETRAS Y TRES SÍLABAS.
6. CINCO.
7. ALGUNOS SON: AURELIO, EULALIO, EUSTACIO.
8. «OTORRINOLARINGÓLOGO» ES UNA DE ELLAS.
9. EL VEINTIUNO.

PUNTUACIÓN: / 10

- Has acertado todas: **10 PUNTOS**
- Has acertado entre 5 y 8: **7 PUNTOS**
- Has acertado entre 1 y 4: **3 PUNTOS**
- No has acertado ninguna: **0 PUNTOS**

CUENTA

ACUSAR

NAVE

GRUESO

BLANCO

TRINEO

LETRAS

FRASE

CUADRO

ANAGRAMAS

Reorganiza las letras de las palabras de abajo para crear nuevas palabras. Deberás utilizar todas las letras sin repetirlas en ninguna de las palabras.

RETO 30

★★

MEDIO

SOLUCIÓN Y PUNTUACIÓN RETO 30

OBJETIVO DEL JUEGO: Formar nuevas palabras alterando el orden de las letras.
TIPOLOGÍA: Anagramas: mezcla de las letras de una palabra, de manera que se forme una u otras varias palabras.

RESPUESTA:

CUENTA	CUNETA
ACUSAR	CAUSAR
NAVE	VENA
GRUESO	RUEGOS
BLANCO	BALCÓN
TRINEO	TIERNO
LETRAS	LASTRE
FRASE	FRESA
CUADRO	CURADO

PUNTUACIÓN: / 10

- Has acertado todas: **10 PUNTOS**
- Has acertado entre 5 y 8: **7 PUNTOS**
- Has acertado entre 1 y 4: **3 PUNTOS**
- No has acertado ninguna: **0 PUNTOS**

PALÍNDROMOS CAMUFLADOS

Encuentra palíndromos ocultos dentro de estas frases y subráyalos.

¿QUÉ PUEDE SER LO QUE RENÉ TEME TENER?

¿ERES CAPAZ DE OÍR A MARIO?

¡FÍJATE QUÉ ENAMORADOS! ASÍ LE AMA ELISA.

¡UUM, QUE BIEN HUELE! AROMA A MORA.

¿VAS A ORAR ALLÁ...? RARO.

ME REAFIRMO. ANOTAR: YO NO SOY RATONA.

LEÍ FIEL TODO EL TEXTO.

ROMA LA ATA AL AMOR, DICE PEDRO.

RETO 31

★★

MEDIO

SOLUCIÓN Y PUNTUACIÓN RETO 31

OBJETIVO DEL JUEGO: Encontrar palíndromos escondidos entre frases.
TIPOLOGÍA: Palíndromos: palabras o frases que se pueden leer en los dos sentidos.

RESPUESTA:

¿QUÉ PUEDE SER LO QUE RENÉ TEME TENER?

¿ERES CAPAZ DE OÍR A MARIO?

¡FÍJATE QUÉ ENAMORADOS! ASÍ LE AMAN ELISA.

¡UUM, QUE BIEN HUELE! AROMA A MORA.

¿VAS A ORAR ALLÁ...? RARO.

ME REAFIRMO. ANOTAR: YO NO SOY RATONA.

LEÍ FIEL TODO EL TEXTO.

ROMA LA ATA AL AMOR, DICE PEDRO.

PUNTUACIÓN: / 10

- Has acertado todas: **10 PUNTOS**
- Has acertado entre 5 y 8: **7 PUNTOS**
- Has acertado entre 1 y 4: **3 PUNTOS**
- No has acertado ninguna: **0 PUNTOS**

ORDENANDO ANTÓNIMOS

Ordena las letras de la segunda columna para hallar antónimos de las palabras de la primera columna.

REPLETO	ÍOVAC	
BRUSCO	VEASU	
ASTUTO	TEPOR	
PACÍFICO	NOETVOIL	
BENEFICIOSO	IAJDRLPUICE	

RETO 32

★★

MEDIO

SOLUCIÓN Y PUNTUACIÓN RETO 32

OBJETIVO DEL JUEGO: Hallar antónimos ordenando letras de la palabra.
TIPOLOGÍA: Sinónimos y antónimos.

RESPUESTA:

REPLETO	ÍOVAC	VACÍO
BRUSCO	VEASU	SUAVE
ASTUTO	TEPOR	TORPE
PACÍFICO	NOETVOIL	VIOLENTO
BENEFICIOSO	IAJDRLPUICE	PERJUDICIAL

PUNTUACIÓN: / 10

- Has acertado todas: **10 PUNTOS**
- Has acertado 3 o 4: **7 PUNTOS**
- Has acertado 1 o 2: **3 PUNTOS**
- No has acertado ninguna: **0 PUNTOS**

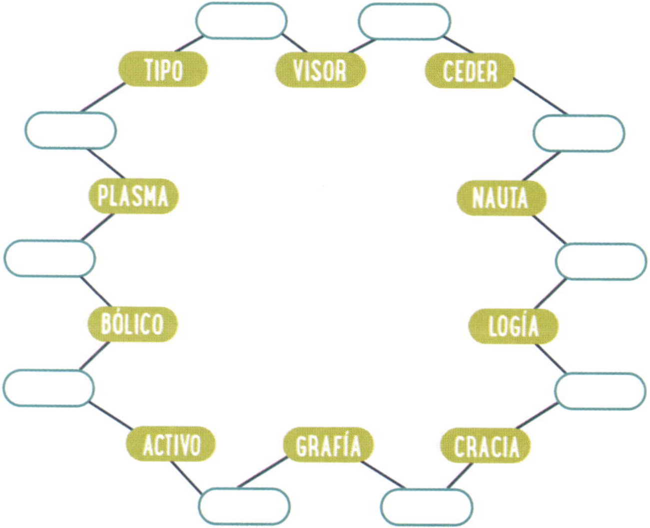

NEOLOGISMOS

Crea veinte neologismos anotando en los recuadros vacíos prefijos y elementos compositivos (inter, retro, demo...). Cada uno de ellos deberá completar las dos palabras unidas a él mediante líneas.

RETO 33

★★

MEDIO

SOLUCIÓN Y PUNTUACIÓN RETO 33

OBJETIVO DEL JUEGO: Encontrar prefijos para componer pares de palabras.
TIPOLOGÍA: Composición de palabras mediante prefijos.

RESPUESTA:

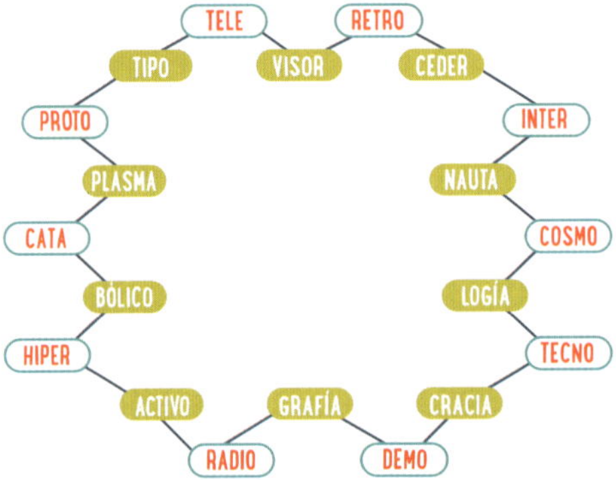

PUNTUACIÓN: / 10

- Has acertado todas: **10 PUNTOS**
- Has acertado entre 6 y 9: **8 PUNTOS**
- Has acertado entre 4 y 5: **5 PUNTOS**
- Has acertado entre 1 y 3: **3 PUNTOS**
- No has acertado ninguna: **0 PUNTOS**

PALABRAS POLISÉMICAS

Encuentra cinco palabras que correspondan a dos de las definiciones del cuadro.

CONJUNTO DE PECES | CIGARRO

CUCHILLA | VALLA | ENTIDAD DE CRÉDITO

PLATO GRANDE | LÁMINA DE PAPEL

NO LEJOS | MANATIAL DE AGUA | NO CONTAMINADO

RETO 34

★★

MEDIO

SOLUCIÓN Y PUNTUACIÓN RETO 34

OBJETIVO DEL JUEGO: Encontrar palabras polisémicas con doble significado.
TIPOLOGÍA: Palabras polisémicas.

RESPUESTA:

CONJUNTO DE PECES	BANCO	ENTIDAD DE CRÉDITO
CIGARRO	PURO	NO CONTAMINADO
CUCHILLA	HOJA	LÁMINA DE PAPEL
VALLA	CERCA	NO LEJOS
PLATO GRANDE	FUENTE	MANATIAL DE AGUA

PUNTUACIÓN: / 10

- Has encontrado todas: **10 PUNTOS**
- Has encontrado 3 o 4: **7 PUNTOS**
- Has encontrado 1 o 2: **3 PUNTOS**
- No has encontrado ninguna: **0 PUNTOS**

NOMBRES DENTRO DE PALABRAS

Fíjate en esta lista de palabras que dentro contienen un nombre de persona. ¿Sabrías descubrir más?

CASCABEL • SANA • ACLARA • TEOLOGO

RETO 35

★★

MEDIO

SOLUCIÓN Y PUNTUACIÓN RETO 35

OBJETIVO DEL JUEGO: Buscar palabras que contengan nombres de persona en su interior.
TIPOLOGÍA: Juego de ingenio lingüístico.

RESPUESTA:

Otras opciones pueden ser:

CLARABOYA, VIGI**LIA**, COP**IAN**, G**ALÁN**, INCUBA**DORA**, SOF**RITA**, NÚ**CLEO**, ABU**ELA**, COM**ODÍN**, ABRAZ**ADA**, SO**NORA**, DESV**IVAN**...

PUNTUACIÓN: / 10

Cuenta **UN PUNTO POR CADA PALABRA** que hayas encontrado hasta un total de **10 PUNTOS**

B

Y L

M A U

O A E Z

A U B N O

FORMANDO PALABRAS

¿Puedes formar al menos diez palabras de cuatro letras utilizando las de esta pirámide, con la condición de que todas empiecen con la letra «B»?

RETO 36

★★

MEDIO

SOLUCIÓN Y PUNTUACIÓN RETO 36

OBJETIVO DEL JUEGO: Formar palabras que empiecen todas con la letra «B».
TIPOLOGÍA: Juego de vocabulario.

RESPUESTA:

Hay varias posibilidades: BABA, BALA, BAYA, BAZA, BAZO, BOBO, BOLA, BOLO, BONO, BUDA, BUEY, BULO, BUZO...

PUNTUACIÓN: / 10

- Cuenta **UN PUNTO POR CADA PALABRA** que hayas encontrado hasta un total de **10 PUNTOS**

CAMBIO DE LETRA

Cambia una letra en cada palabra subrayada para que el texto tenga sentido.
Añade acentos si es necesario.

LA CALLE ODIA TERRIBLEMENTE A ZUMO. LA MENTE CORRÍA EN CASA HACIA LUNARES SEGUROS. LOS FRITOS DE MIEDO SE FÍAN POR TODOS LADOS. TOPOS QUERÍAN SALTAR LA VIÑA. ENTONCES, UNA CAJA FIJA DE LLUVIA EMPEZÓ A CAER.

RETO 37

★★

MEDIO

SOLUCIÓN Y PUNTUACIÓN RETO 37

OBJETIVO DEL JUEGO: Sustituir una letra para conseguir nuevas palabras dentro de un texto.
TIPOLOGÍA: Esponerismo: sustitución de letras o sílabas dentro de una frase que hace cambiar el significado.

RESPUESTA:

LA CALLE OLÍA TERRIBLEMENTE A HUMO. LA GENTE CORRÍA EN MASA HACIA LUGARES SEGUROS. LOS GRITOS DE MIEDO SE OÍAN POR TODOS LADOS. TODOS QUERÍAN SALVAR LA VIDA. ENTONCES, UNA CAPA FINA DE LLUVIA EMPEZÓ A CAER.

PUNTUACIÓN: / 10

- Has acertado las 12: **10 PUNTOS**
- Has acertado entre 8 y 11: **8 PUNTOS**
- Has acertado entre 5 y 7: **5 PUNTOS**
- Has acertado entre 1 y 4: **3 PUNTOS**
- No has acertado ninguna: **0 PUNTOS**

SIGLAS Y ACRÓNIMOS

¿Sabes a qué términos corresponden estas siglas y acrónimos?

ITV	
EE.UU.	
OTAN	
CD	
AVE	
ONG	
OVNI	
RAE	
DGT	
COI	

RETO 38
★★
MEDIO

SOLUCIÓN Y PUNTUACIÓN RETO 38

OBJETIVO DEL JUEGO: Encontrar el significado de las siglas.
TIPOLOGÍA: Siglas y acrónimos.

RESPUESTA:

ITV	Inspección técnica de vehículos
EE.UU.	Estados Unidos
OTAN	Organización del Tratado del Atlántico Norte
CD	Disco compacto (del inglés compact disc)
AVE	Alta velocidad española
ONG	Organización no gubernamental
OVNI	Objeto volador no identificado
RAE	Real Academia Española
DGT	Dirección General de Tráfico
COI	Comité Olímpico Internacional

PUNTUACIÓN: / 10

- Cuenta **UN PUNTO POR CADA SIGLA O ACRÓNIMO** que hayas acertado

PENTAVOCÁLICAS ESCONDIDAS

En este breve relato, hay veinte palabras que contienen las cinco vocales exactamente una vez. ¿Puedes encontrarlas lo más rápido posible?

Elena, eufórica, fue a visitar a su bisabuelo Aurelio, un octogenario auténtico, amante de los murciélagos y gran tertuliano, pero que en ese momento estaba con una fuerte neumonía. Se lo encontró algo descuidado. Elena, que era muy meticulosa para la limpieza, se hizo con un pulverizador y empezó a limpiar la casa de arriba abajo. Abrió el lucernario y oyó el riachuelo. Aquel sonido de agua, automáticamente, la llevó a su más tierna infancia. Ella era la duodécima biznieta, la más pequeña y, por eso, la preferida de su bisabuelo. Era muy estudiosa y al salir del colegio siempre iba, con su cuadernillo, a hacer los deberes a casa de sus bisabuelos, Eulogia y Aurelio. Le encantaba curiosear entre las cosas de los armarios y comunicarse con los vecinos. Era una niña con una gran educación.

RETO
39
★★
MEDIO

SOLUCIÓN Y PUNTUACIÓN RETO 39

OBJETIVO DEL JUEGO: Descubrir palabras de cinco vocales dentro de un texto.
TIPOLOGÍA: Palabras pentavocálicas (que contienen las cinco vocales).

RESPUESTA:

*Elena, **eufórica**, fue a visitar a su **bisabuelo Aurelio**, un octogenario **auténtico**, amante de los **murciélagos** y gran **tertuliano**, pero que en ese momento estaba con una fuerte **neumonía**. Se lo encontró algo **descuidado**. Elena, que era muy **meticulosa** para la limpieza, se hizo con un **pulverizador** y empezó a limpiar la casa de arriba abajo. Abrió el **lucernario** y oyó el **riachuelo**. Aquel sonido de agua, automáticamente, la llevó a su más tierna infancia. Ella era la **duodécima** biznieta, la más pequeña y, por eso, la preferida de su **bisabuelo**. Era muy **estudiosa** y al salir del colegio siempre iba, con su **cuadernillo**, a hacer los deberes a casa de sus **bisabuelos**, **Eulogia** y **Aurelio**. Le encantaba **curiosear** entre las cosas de los armarios y **comunicarse** con los vecinos. Era una niña con una gran **educación**.*

PUNTUACIÓN: / 10

- Has encontrado las 20: **10 PUNTOS**
- Has encontrado entre 15 y 19: **8 PUNTOS**
- Has encontrado entre 7 y 14: **5 PUNTOS**
- Has encontrado entre 1 y 6: **3 PUNTOS**
- No has encontrado ninguna: **0 PUNTOS**

ETER	SI	LAR
IDEN	LUM	TAR
CUTI	CU	BRAR
COA	CE	CIÓN
RE	VE	TO
DESA	LI	RAL
EXA	BRUP	CENTE
AD	TI	DAD
TRAN	NI	NIR
VIS	YA	DAD

PALABRAS FRAGMENTADAS

Aquí podrás encontrar diez palabras que han sido divididas en tres fragmentos cada una. ¿Puedes reorganizarlas utilizando un grupo de letras de la primera columna, otro de la segunda y otro de la tercera?

RETO 40

★★

MEDIO

SOLUCIÓN Y PUNTUACIÓN RETO 40

OBJETIVO DEL JUEGO: Ordenar fragmentos de palabras.
TIPOLOGÍA: Juego de vocabulario.

RESPUESTA:

TRANSITAR – CUTICULAR – IDENTIDAD – COALICIÓN – ADYACENTE – VISCERAL – EXABRUPTO – RELUMBRAR – ETERNIDAD – DESAVENIR

PUNTUACIÓN: / 10

Cuenta **UN PUNTO POR CADA PALABRA** que hayas encontrado

MONOSÍLABOS

Forma, por lo menos, veinte monosílabos (con tilde o sin ella) con las siguientes letras.

F D P L S T M B

Z R A E I O U

RETO 41 ★★ MEDIO

SOLUCIÓN Y PUNTUACIÓN RETO 41

OBJETIVO DEL JUEGO: Encontrar monosílabos a partir de unas determinadas letras.
TIPOLOGÍA: Monosílabos.

RESPUESTA:

Algunos de los monosílabos que se pueden formar con estas letras son:

fe, fio, fui, da, de, dé, di, diez, par, paz, pez, por, pus, la, las, al, le, les, el, él, lo, los, as, sal, se, sé, es, ser, si, sí, so, os, sol, sor, su, sur, sus, tal, te, té, tez, ti, tos, tras, tu, tú, tul, mal, mar, mas, más, me, mes, mi, mí, miel, mies, mis, bar, bis, bol, bus, zar, ras, res, rio, rol...

PUNTUACIÓN: / 10

Cuenta **UN PUNTO POR CADA DOS PALABRA** que hayas encontrado hasta un total de **10 PUNTOS**

PALABRAS TRITÓNICAS

Observa los ejemplos y busca otras palabras tritónicas.

CÍRCULO	CIRCULO	CIRCULÓ
VÍNCULO	VINCULO	VINCULÓ
HÁBITO	HABITO	HABITÓ

RETO 42

★★

MEDIO

SOLUCIÓN Y PUNTUACIÓN RETO 42

OBJETIVO DEL JUEGO: Encontrar palabras iguales cuya sílaba tónica está en distintas posiciones.
TIPOLOGÍA: Palabras tritónicas, que tienen la sílaba tónica en tres posiciones diferentes.

RESPUESTA:

Algunos ejemplos más son:

Cómputo / Computo / Computó

Depósito / Deposito / Depositó

Cálculo / Calculo / Calculó

Lícito / Licito / Licitó

Catálogo / Catalogo / Catalogó

Próspero / Prospero / Prosperó

Ánimo / Animo / Animó

PUNTUACIÓN: / 10

- Has encontrado 3 palabras: **10 PUNTOS**
- Has encontrado 2 palabras: **7 PUNTOS**
- Has encontrado 1 palabra: **3 PUNTOS**
- No has encontrado ninguna: **0 PUNTOS**

MENOS UNA

Elimina una letra cada vez y utiliza las letras restantes para formar palabras de seis letras sin repetir ninguna. Debes encontrar al menos doce palabras.

R O N C A E T

SIN LA R ______________________________

SIN LA O ______________________________

SIN LA N ______________________________

SIN LA C ______________________________

SIN LA A ______________________________

SIN LA E ______________________________

SIN LA T ______________________________

RETO 43

★★

MEDIO

SOLUCIÓN Y PUNTUACIÓN RETO 43

OBJETIVO DEL JUEGO: Formar palabras cada vez con una letra menos de las dadas.
TIPOLOGÍA: Decapitaciones.

RESPUESTA:

Puede haber más soluciones a estos anagramas. Algunas son:

Sin la R: ACENTO, CETONA

Sin la O: NÉCTAR, TRANCE

Sin la N: RECATO, RETACO, ACORTÉ

Sin la C: TENORA, NOTARÉ, RENATO

Sin la A: CORTEN, CENTRO

Sin la E: CONTAR, CARTÓN, CONTRA

Sin la T: CÓRNEA, ENCARO, ENROCA

PUNTUACIÓN: / 10

- Has encontrado 12 palabras o más: **10 PUNTOS**
- Has encontrado entre 8 y 11: **8 PUNTOS**
- Has encontrado entre 5 y 7: **5 PUNTOS**
- Has encontrado entre 1 y 4: **3 PUNTOS**
- No has encontrado ninguna palabra: **0 PUNTOS**

RETO 44

★★

MEDIO

PAREJAS DE HECHO

Empareja cada expresión de la izquierda con una palabra de la derecha para formar ocho frases populares.

UN HAMBRE DE	DUDAS
UNA SARTA DE	SEPULCRAL
UN SACO DE	ASFIXIANTE
UN MAR DE	IMPLICADO
UN SILENCIO	NERVIOS
UN PRESUNTO	POSIBILIDADES
UN ABANICO DE	PERROS
UN CALOR	MENTIRAS

SOLUCIÓN Y PUNTUACIÓN RETO 44

OBJETIVO DEL JUEGO: Unir dos partes de frases hechas.
TIPOLOGÍA: Modismos y frases hechas.

RESPUESTA:

Un hambre de perros.

Una sarta de mentiras.

Un saco de nervios.

Un mar de dudas.

Un silencio sepulcral.

Un presunto implicado.

Un abanico de posibilidades.

Un calor asfixiante.

PUNTUACIÓN: / 10

- Has acertado las 8: **10 PUNTOS**
- Has acertado entre 5 y 7: **7 PUNTOS**
- Has acertado entre 1 y 4: **3 PUNTOS**
- No has acertado ninguna: **0 PUNTOS**

ENGAÑOS CON PALABRAS

Construye palabras siguiendo las indicaciones que se presentan a continuación. Presta atención al título y ¡no te dejes confundir!

CON LAS LETRAS DE ***PARÁBOLA ANULAS*** CONSTRUYE UNA SOLA PALABRA.

CON LAS LETRAS DE ***DOBLAR ASPAS*** CONSTRUYE DOS PALABRAS.

CON LAS LETRAS DE ***PARTES LABRAS*** CONSTRUYE TRES PALABRAS.

CON LAS LETRAS DE ***LUTO PARA CABRAS*** CONSTRUYE CUATRO PALABRAS.

CON LAS LETRAS DE ***NI COBRA PLACAS*** CONSTRUYE CINCO PALABRAS.

CON LAS LETRAS DE ***SE PASA LIBRAS*** CONSTRUYE SEIS PALABRAS.

RETO 45

★★

MEDIO

SOLUCIÓN Y PUNTUACIÓN RETO 45

OBJETIVO DEL JUEGO: Encontrar palabras a partir de una serie de frases engañosas.
TIPOLOGÍA: Juego de ingenio lingüístico.

RESPUESTA:

Si ordenas las letras indicadas en cada frase, podrás formar lo que cada una de ellas te indica, pero acuérdate que es un juego con truco.

Una sola palabra / Dos palabras / Tres palabras / Cuatro palabras / Cinco palabras / Seis palabras.

PUNTUACIÓN: / 10

- Has acertado las 6: **10 PUNTOS**
- Has acertado 4 o 5: **7 PUNTOS**
- Has acertado entre 1 y 3: **3 PUNTOS**
- No has acertado ninguna: **0 PUNTOS**

M	E	
		I
	M	

C		
	U	S
		R

H		
	E	
M	A	

D		L
	U	
	S	

		C
A	N	
S		O

	O	P
	V	
N		

A		F
	T	
	N	

E	L	
	G	
		O

N		C
I		
		D

SUPERPOSICIÓN DE LETRAS

Superpón dos de estos nueve cuadros de manera que puedas formar una palabra de cuatro sílabas.

RETO 46

★★

MEDIO

SOLUCIÓN Y PUNTUACIÓN RETO 46

OBJETIVO DEL JUEGO: Superponer cuadrículas para formar una palabra.
TIPOLOGÍA: Juego de ingenio lingüístico.

RESPUESTA:

La palabra es **MECANISMO**.

M	E	
		I
	M	

+

		C
A	N	
S		O

=

M	E	C
A	N	I
S	M	O

PUNTUACIÓN: / 10

- Has encontrado los dos cuadros correctos: **10 PUNTOS**
- No has encontrado los dos cuadros correctos: **0 PUNTOS**

SERIES DE SINÓNIMOS

Encuentra palabras con una relación sinonímica como las de los dos ejemplos.

SIMPATÍA, ENCANTO, GRACIA, CORDIALIDAD

EMBUSTERO, TRAMPOSO, ESTAFADOR, EMBAUCADOR, FARSANTE

RETO 47

★★

MEDIO

SOLUCIÓN Y PUNTUACIÓN RETO 47

OBJETIVO DEL JUEGO: Encontrar cadena de sinónimos.
TIPOLOGÍA: Sinónimos y antónimos.

RESPUESTA:

Algunas posibles series son:

- Hermoso, bello, bonito, lindo, agraciado...
- Altivo, orgulloso, altanero, pedante, vanidoso...
- Valioso, apreciado, costoso, estimable...
- Nombrar, designar, investir, proclamar...

PUNTUACIÓN: / 10

- Has encontrado 3 series: **10 PUNTOS**
- Has encontrado 2 series: **7 PUNTOS**
- Has encontrado 1 serie: **3 PUNTOS**
- No has encontrado ninguna serie: **0 PUNTOS**

HOMÓFONAS

Las palabras homófonas son aquellas que suenan igual, pero se escriben de manera diferente y tienen significados distintos. Encuentra la palabra adecuada para cada definición.

1. Fluido que transporta nutrientes y agua dentro de las plantas.

   SAVIA | SABIA

2. Grupo de personas.

   ATAJO | HATAJO

3. Fruto pequeño y dulce, habitualmente comestible y con muchas semillas.

   BALLA | BAYA | VALLA | VAYA

4. Pequeño islote de arena en aguas poco profundas, normalmente en zonas tropicales.

   CAYO | CALLO

5. Vara larga, utilizada para sostener en su extremo una bandera o como parte de una arma larga, como una lanza o venablo.

   ASTA | HASTA

6. Persona encargada de criar y educar a un niño.

   AYA | HAYA | ALLA | HALLA

RETO 48

★★ MEDIO

SOLUCIÓN Y PUNTUACIÓN RETO 48

OBJETIVO DEL JUEGO: Encontrar, entre dos palabras homófonas, respuesta a las definiciones.
TIPOLOGÍA: Palabras homófonas: que se pronuncian igual teniendo escritura y significado distintos.

RESPUESTA:

SAVIA – HATAJO – BAYA – CAYO – BARÓN – ASTA – VASTO – AYA

PUNTUACIÓN: / 10

- Has acertado las 6: **10 PUNTOS**
- Has acertado entre 4 y 5: **7 PUNTOS**
- Has acertado entre 1 y 3: **3 PUNTOS**
- No has acertado ninguna: **0 PUNTOS**

RECUENTO DE PUNTUACIÓN

Calcula tu puntuación y nota de eficacia en juegos de palabras de nivel medio, según el reto planteado.

TIPOLOGÍA	INGENIO LINGÜÍSTICO	ESPONERISMOS	SINÓNIMOS Y ANTÓNIMOS	ANAGRAMAS	JUEGOS DE CUADRÍCULA	PREFIJOS Y SUFIJOS	BIFRONTES Y PALÍNDROMOS	PALABRAS PENTAVOCÁLICAS	OTROS
Nº DE RETO	29, 35, 45, 46	25, 28, 37	32, 47	30	26	33	31	39	27, 34, 36, 38, 40, 41, 42, 43, 44, 48
Suma de las puntuaciones dividida por el número de preguntas	___ / 4	___ / 3	___ / 2	________	________	________	________	________	___ / 10
PUNTUACIÓN TOTAL sobre 10	________	________	________	________	________	________	________	________	________

RETOS NIVEL EXPERTO

★★★

PALABRAS DENTRO DE PALABRAS

Anota todas las palabras que puedas encontrar dentro de estas tres palabras tan largas.

RECONCENTRACIÓN

COLABORACIONISMO

SOBREALIMENTACIÓN

RETO 49
★★★
EXPERTO

SOLUCIÓN Y PUNTUACIÓN RETO 49

OBJETIVO DEL JUEGO: Hallar palabras dentro de una palabra larga.
TIPOLOGÍA: Vocabulario.

RESPUESTA:

Algunas de las palabras son:

RECONCENTRACIÓN: **RE, ECO, CON, ONCE, CENTRA, ENTRA, CONCENTRA, CONCENTRACIÓN, RACIÓN**.

COLABORACIONISMO: **COL, COLA, LA, OLA, LABOR, ORA, ORACIÓN, ION, NI, ISMO, COLABORA, COLABORACIÓN**.

SOBREALIMENTACIÓN: **SO, SOBRE, BREA, RE, REA, REAL, AL, ALIMENTA, ALIMENTACIÓN, MENTA, EN, ION, SOBREALIMENTA**.

PUNTUACIÓN: / 10

Cuenta **UN PUNTO POR CADA DOS PALABRAS** que hayas encontrado hasta un máximo de **10 PUNTOS**

PUZLESOPA

Coloca los cuatro bloques en la cuadrícula y crea una sopa de letras en la que deberás hallar el nombre de siete felinos. ¡Atención!: pueden estar en todas las direcciones.

A

E	A	R	L
G	U	E	P
O	D	R	A
C	U	T	N

B

A	J	H	T
V	N	O	E
D	U	E	R
E	R	L	A

C

E	L	G	A
L	O	P	M
G	I	T	U
F	S	M	P

D

I	N	C	E
A	R	D	O
P	O	E	L
I	B	S	O

RETO 50

★★★

EXPERTO

SOLUCIÓN Y PUNTUACIÓN RETO 50

OBJETIVO DEL JUEGO: Recomponer y encontrar palabras.
TIPOLOGÍA: Juego de ingenio lingüístico.

RESPUESTA:

A	E	A	R	L	I	N	C	E	B
	G	U	E	P	A	R	D	O	
	O	D	R	A	P	O	E	L	
	C	U	T	N	I	B	S	O	
C	A	J	H	T	E	L	G	A	D
	V	N	O	E	L	O	P	M	
	D	U	E	R	G	I	T	U	
	E	R	L	A	F	S	M	P	

PUNTUACIÓN: / 10

- Has encontrado los 7 nombres: **10 PUNTOS**
- Has encontrado entre 4 y 6: **7 PUNTOS**
- Has encontrado entre 1 y 3: **3 PUNTOS**
- No has encontrado ninguno: **0 PUNTOS**

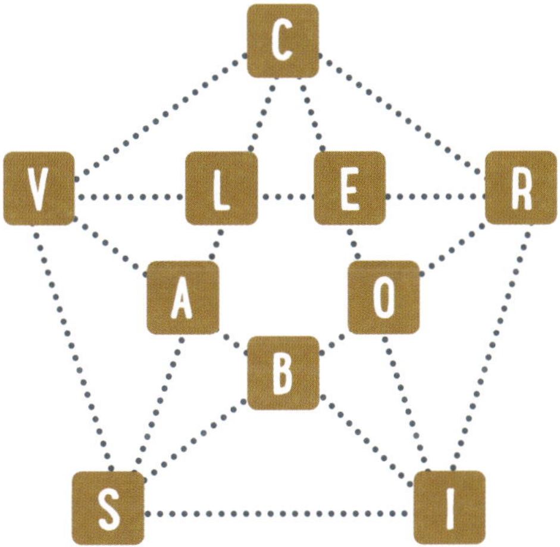

ESTRELLA DE LETRAS

Encuentra el mayor número posible de palabras utilizando las letras de esta estrella. Puedes comenzar por cualquier letra, pero solo puedes moverte de un círculo a otro si están conectados por líneas; las palabras deben formarse con las letras en el orden en el que las recorres.

RETO 51

★★★

EXPERTO

SOLUCIÓN Y PUNTUACIÓN RETO 51

OBJETIVO DEL JUEGO: Encontrar palabras con determinadas normas.
TIPOLOGÍA: Vocabulario.

RESPUESTA:

Algunas palabras que se pueden formar son: **SAL, SALE, SALCE, SALERO, ALERO, EL, LEO, LABOR, VALE, VALER, SABIO, SABOR, BIO, BOE, BALE, LA, VAS, CLEO, CELA, CELAS, CERO, CREO, CLERO, ROBA, ROBAS, REO, RIO, OÍR.**

PUNTUACIÓN: / 10

Cuenta **UN PUNTO POR CADA DOS PALABRAS** que hayas encontrado hasta un máximo de **10 PUNT**

TRIÁNGULO DE PALABRAS

Completa las casillas reemplazando los números por letras de acuerdo con las breves definiciones. Cada número siempre corresponde a la misma letra.

1	2	3	1	4	5	6	7	5	CIERTO ESTADO DE ÁNIMO
	5	6	9	1	2	5	8	5	HABITACIÓN QUE PRECEDE A OTRA
		9	1	2	1	8	5	4	CUBRIR DE MOSAICOS
			2	5	4	9	1	6	UTENSILIO DE COCINA
				7	5	4	7	5	ARBUSTO ESPINOSO
					5	4	3	5	INSTRUMENTO MUSICAL
						3	1	7	ANIMAL VERTEBRADO ACUÁTICO
							6	5	SÍMBOLO QUÍMICO
								7	LA ÚLTIMA DE TODAS

RETO
52
★★★
EXPERTO

SOLUCIÓN Y PUNTUACIÓN RETO 52

OBJETIVO DEL JUEGO: Hallar la palabra definida.
TIPOLOGÍA: Escalera de palabras. Juego de cuadrícula en el que se responde a una definición o concepto.

RESPUESTA:

^{1}E	^{2}S	^{3}P	^{1}E	^{4}R	^{5}A	^{6}N	^{7}Z	^{5}A
	^{5}A	^{6}N	^{9}T	^{1}E	^{2}S	^{5}A	^{8}L	^{5}A
		^{9}T	^{1}E	^{2}S	^{1}E	^{8}L	^{5}A	^{4}R
			^{2}S	^{5}A	^{4}R	^{9}T	^{1}E	^{6}N
				^{7}Z	^{5}A	^{4}R	^{7}Z	^{5}A
					^{5}A	^{4}R	^{3}P	^{5}A
						^{3}P	^{1}E	^{7}Z
							^{6}N	^{5}A
								^{7}Z

PUNTUACIÓN: / 10

- Has encontrado las 9 palabras: **10 PUNTOS**
- Has encontrado entre 5 y 8: **7 PUNTOS**
- Has encontrado entre 1 y 4: **3 PUNTOS**
- No has encontrado ninguna: **0 PUNTOS**

POLISÉMICAS CON G

Encuentra la palabra adecuada para cada par de definiciones. Todas las palabras deben comenzar con la letra G.

ANIMAL		NOTA FALSA O CHILLONA
MEDIDA INGLESA		DISTINTIVO QUE LLEVAN LOS MILITARES
GRADACIÓN DE COLORES		SERIE DE COSAS QUE PERTENECEN A UNA MISMA CLASE
QUE CONCIERNE A LA TOTALIDAD		GRADO MILITAR SUPERIOR
PORCIÓN DE MAR QUE ENTRA EN LA TIERRA		ATREVIDO, GRANUJA
LETRA DE CAMBIO		ACCIÓN DE GIRAR
BOCADILLO DE LAS VIÑETAS DE LOS TEBEOS		JUGUETE
SIGNO ORTOGRÁFICO		ARGUMENTO DE UN FILM
PIEDRA PRECIOSA		BOTÓN DE LAS PLANTAS

RETO 53

★★★

EXPERTO

SOLUCIÓN Y PUNTUACIÓN RETO 53

OBJETIVO DEL JUEGO: Hallar palabras que respondan a dos definiciones distintas.
TIPOLOGÍA: Palabras polisémicas.

RESPUESTA:

ANIMAL	GALLO	NOTA FALSA O CHILLONA
MEDIDA INGLESA	GALÓN	DISTINTIVO QUE LLEVAN LOS MILITARES
GRADACIÓN DE COLORES	GAMA	SERIE DE COSAS QUE PERTENECEN A UNA MISMA CLASE
QUE CONCIERNE A LA TOTALIDAD	GENERAL	GRADO MILITAR SUPERIOR
PORCIÓN DE MAR QUE ENTRA EN LA TIERRA	GOLFO	ATREVIDO, GRANUJA
LETRA DE CAMBIO	GIRO	ACCIÓN DE GIRAR
BOCADILLO DE LAS VIÑETAS DE LOS TEBEOS	GLOBO	JUGUETE
SIGNO ORTOGRÁFICO	GUION	ARGUMENTO DE UN FILM
PIEDRA PRECIOSA	GEMA	BOTÓN DE LAS PLANTAS

PUNTUACIÓN: / 10

- Has acertado todas: **10 PUNTOS**
- Has acertado entre 5 y 8: **7 PUNTOS**
- Has acertado entre 1 y 4: **3 PUNTOS**
- No has acertado ninguna: **0 PUNTOS**

PALABRAS MONOVOCÁLICAS

Las palabras que ves a continuación están escritas solo con la vocal «O» y constan de cuatro sílabas. ¿Puedes pensar en más ejemplos aunque sea de un número distinto de sílabas?

MONÓLOGO CLOROFORMO HORÓSCOPO DOLOROSO

RETO 54

★★★

EXPERTO

SOLUCIÓN Y PUNTUACIÓN RETO 54

OBJETIVO DEL JUEGO: Encontrar palabras con una única vocal.
TIPOLOGÍA: Palabras monovocálicas.

RESPUESTA:

Algunas monovocálicas más con «O» son: **ZOÓLOGO, PROTOCOLO, HORROROSO, ORTODOXO, PODÓLOGO, MONÓTONO, PRÓLOGO, BORROSO, JOCOSO, DOLOROSO, CROMÓLOGO, MONOCOLOR**

PUNTUACIÓN: / 10

Cuenta **UN PUNTO POR CADA PALABRA** que hayas encontrado hasta un máximo de **10 PUNTOS**

DEFINICIONES BUFAS

Fíjate en el ejemplo y busca las respuestas para el resto de las definiciones que nunca encontrarás en un diccionario. Deberás agregar un toque de ingenio y buen humor.

PARTE TRASERA DE UNA CIUDAD	CIUDADANO
PREPOSICIÓN SOLITARIA	
LA BOMBA MÁS PEQUEÑA	
FUNDA IMPRESCINDIBLE PARA LA CABEZA	
MONJA ENCARCELADA	
LA HORMIGA MÁS GRANDE	
EL DÍA MÁS ATEO	
FECHA DE TU SANTO	

RETO 55

★★★

EXPERTO

SOLUCIÓN Y PUNTUACIÓN RETO 55

OBJETIVO DEL JUEGO: Unir palabras y definiciones que no se encuentran en el diccionario.
TIPOLOGÍA: Ingenio lingüístico y vocabulario.

RESPUESTA:

PARTE TRASERA DE UNA CIUDAD	CIUDADANO
PREPOSICIÓN SOLITARIA	CONSOLA
LA BOMBA MÁS PEQUEÑA	BOMBILLA
FUNDA IMPRESCINDIBLE PARA LA CABEZA	FUNDAMENTAL
MONJA ENCARCELADA	SORPRESA
LA HORMIGA MÁS GRANDE	HORMIGÓN
EL DÍA MÁS ATEO	DIAGNÓSTICO
FECHA DE TU SANTO	ESTUDIA

PUNTUACIÓN: / 10

- Has acertado todas: **10 PUNTOS**
- Has acertado entre 4 y 6: **7 PUNTOS**
- Has acertado entre 1 y 3: **3 PUNTOS**
- No has acertado ninguna: **0 PUNTOS**

DOMINÓ DE ANAGRAMAS

Sitúa correctamente las fichas del dominó y podrás leer dos palabras de doce letras que son anagramas, es decir, tienen las mismas letras en orden diferente.

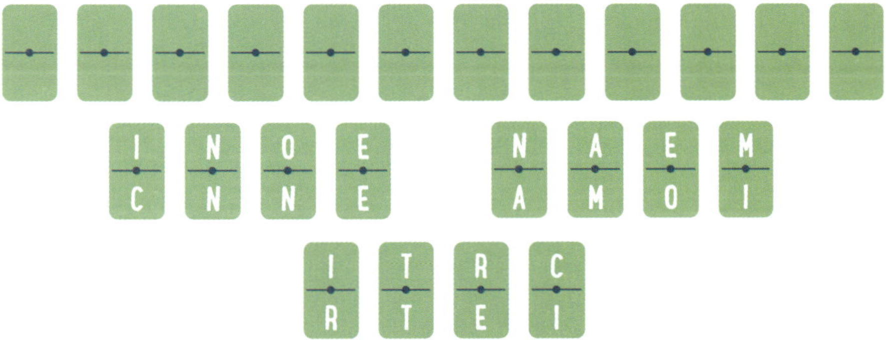

RETO 56

★★★

EXPERTO

SOLUCIÓN Y PUNTUACIÓN RETO 56

OBJETIVO DEL JUEGO: Recomponer piezas para formar dos palabras con las mismas letras.
TIPOLOGÍA: Anagramas.

RESPUESTA:

I	R	O	N	I	C	A	M	E	N	T	E
R	E	N	A	C	I	M	I	E	N	T	O

PUNTUACIÓN: / 10

- Has acertado: **10 PUNTOS**
- No has acertado: **0 PUNTOS**

NOMBRES DE COLORES

Cambiando una o más consonantes de estos nombres de persona, crea los nombres de ocho colores. Te proporcionamos uno como ejemplo.

ASUN →	AZUL	CARLOS →	
RITA →		LOLA →	
TOÑO →		CRIS →	
LEYRE →		PEDRO →	

RETO 57

★★★

EXPERTO

SOLUCIÓN Y PUNTUACIÓN RETO 57

OBJETIVO DEL JUEGO: Encontrar palabras que contengan nombres de colores.
TIPOLOGÍA: Juego de ingenio lingüístico.

RESPUESTA:

ASUN	→	AZUL
RITA	→	LILA
TOÑO	→	ROJO
LEYRE	→	VERDE
CARLOS	→	MARRÓN
LOLA	→	ROSA
CRIS	→	GRIS
PEDRO	→	NEGRO

PUNTUACIÓN: / 10

- Has acertado todas: **10 PUNTOS**
- Has acertado entre 4 y 6: **7 PUNTOS**
- Has acertado entre 1 y 3: **3 PUNTOS**
- No has acertado ninguna: **0 PUNTOS**

CRUCIGRAMA PALINDRÓMICO

Completa el crucigrama considerando que cada palabra es un palíndromo, lo que significa que se lee igual de izquierda a derecha que de derecha a izquierda.

1. Domicilios sociales.
2. Se esconde para no tener frío.
3. Letra del alfabeto.
4. Anuda.
5. Admitir.
6. Desmenuzar.
7. Guantazos.

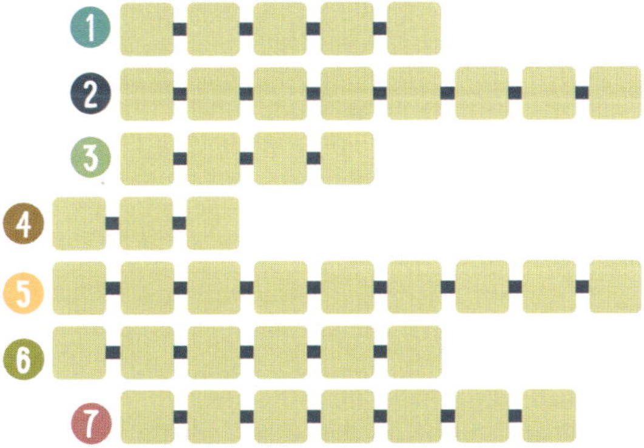

RETO 58

★★★

EXPERTO

SOLUCIÓN Y PUNTUACIÓN RETO 58

OBJETIVO DEL JUEGO: Completar una parrilla respondiendo a definiciones.
TIPOLOGÍA: Juego de cuadrícula en el que se responde a una definición o concepto.

RESPUESTA:

1. S E D E S
2. A C U R R U C A
3. E R R E
4. A T A
5. R E C O N O C E R
6. R A L L A R
7. S O P A P O S

PUNTUACIÓN: / 10

- Has acertado todas: **10 PUNTOS**
- Has acertado entre 4 y 6: **7 PUNTOS**
- Has acertado entre 1 y 3: **3 PUNTOS**
- No has acertado ninguna: **0 PUNTOS**

Z	A	M	B	M	B
A	A	E	A	O	T
N	R	G	D	E	G
O	R	N	I	R	L
I	T	L	A	E	I
S	D	B	A	N	A

SEIS CAPITALES

Descubre el nombre de seis capitales de países, cada una de seis letras. Las letras no están adyacentes, sino que cada una se encuentra en una fila y una columna diferentes. Debes buscarlas de arriba abajo. Una vez que uses una letra, no podrás utilizarla para formar otra capital.

RETO 59

★★★

EXPERTO

SOLUCIÓN Y PUNTUACIÓN RETO 59

OBJETIVO DEL JUEGO: Localizar las letras que forman las palabras buscadas, siguiendo unas normas.
TIPOLOGÍA: Juego de ingenio y de conocimiento general.

RESPUESTA:

Las capitales son **ZAGREB, ATENAS, MADRID, BERLÍN, MANILA y BOGOTÁ**.

Z					
			A		
					G
	R				
				E	
		B			

	A				
					T
				E	
		N			
			A		
S					

		M			
A					
			D		
				R	
					I
	D				

			B		
		E			
	R				
					L
I					
				N	

				M	
	A				
N					
			I		
		L			
					A

					B
				O	
		G			
O					
	T				
			A		

PUNTUACIÓN: / 10

- Has encontrado todas: **10 PUNTOS**
- Has encontrado entre 4 y 5: **7 PUNTOS**
- Has encontrado entre 1 y 3: **3 PUNTOS**
- No has encontrado ninguna: **0 PUNTOS**

PALABRAS ENCADENADAS

Coloca en las casillas vacías los grupos de letras que te permitirán crear siete palabras en cadena.

TI · DA · SO · LE · TE · AC · VO · MI

MEN · RA · MO

F E U _ _ ´L I S _ _

N U

_ _ _

T O _ _ R A N _ _

T E

_ _ D I O _ _ T I _ _

L U

_ _

N O

_ _ C R A _ _ C O

RETO 60

★★★

EXPERTO

SOLUCIÓN Y PUNTUACIÓN RETO 60

OBJETIVO DEL JUEGO: Completar las casillas para formar una cadena de palabras.
TIPOLOGÍA: Palabras encadenadas.

RESPUESTA:

FEUDALISMO, MONUMENTO, TOLERANTE, TETERA, RADIOACTIVO, VOLUMINOSO, SOCRÁTICO.

PUNTUACIÓN: / 10

- Has encontrado todas: **10 PUNTOS**
- Has encontrado entre 4 y 6: **7 PUNTOS**
- Has encontrado entre 1 y 3: **3 PUNTOS**
- No has encontrado ninguna: **0 PUNTOS**

PENTAVOCÁLICAS

Encuentra ocho palabras pentavocálicas que correspondan a las siguientes definiciones.

ESTRUCTURADO EN FORMA DE RED	
PULMONÍA	
CONTERTULIO	
EXTERIORIZACIÓN DEL BIENESTAR Y OPTIMISMO	
ACTITUD PRUDENTE	
QUE ES REALMENTE LO QUE APARENTA, NO FALSO	
SOSTENER RELACIONES CON ALGUIEN QUE NO ES EL CÓNYUGE	

RETO 61

★★★

EXPERTO

SOLUCIÓN Y PUNTUACIÓN RETO 61

OBJETIVO DEL JUEGO: Encontrar palabras que contengan las cinco vocales.
TIPOLOGÍA: Palabras pentavocálicas.

RESPUESTA:

ESTRUCTURADO EN FORMA DE RED	RETICULADO
PULMONÍA	NEUMONÍA
CONTERTULIO	TERTULIANO
EXTERIORIZACIÓN DEL BIENESTAR Y OPTIMISMO	EUFORIA
ACTITUD PRUDENTE	PRECAUCIÓN
QUE ES REALMENTE LO QUE APARENTA, NO FALSO	AUTÉNTICO
SOSTENER RELACIONES CON ALGUIEN QUE NO ES EL CÓNYUGE	ADULTERIO

PUNTUACIÓN: / 10

- Has encontrado todas: **10 PUNTOS**
- Has encontrado entre 5 y 7: **7 PUNTOS**
- Has encontrado entre 1 y 4: **3 PUNTOS**
- No has encontrado ninguna: **0 PUNTOS**

PALABRAS CON COLORES

Con el nombre del color de cada uno de estos cuadros, más uno o dos grupos de letras, debes formar siete palabras.

AJO ______

INTE ______ TA

RE ______ CER

CUEL ______ RGA

CER ______

P ______ ICO

CI ______

______ EJO

RETO 62

★★★

EXPERTO

SOLUCIÓN Y PUNTUACIÓN RETO 62

OBJETIVO DEL JUEGO: Componer palabras con el nombre de los colores.
TIPOLOGÍA: Juego de ingenio lingüístico.

RESPUESTA:

AJO**BLANCO**, INTE**GRIS**TA, RE**VERDE**CER, CUEL**LILA**RGA, CER**ROJO**, P**ROSA**ICO, CI**MARRÓN**, **AZUL**EJO.

PUNTUACIÓN: / 10

- Has encontrado todas: **10 PUNTOS**
- Has encontrado entre 5 y 7: **7 PUNTOS**
- Has encontrado entre 1 y 4: **3 PUNTOS**
- No has encontrado ninguna: **0 PUNTOS**

CRUCIGRAMA ESTRELLA

Completa estas palabras que comienzan con CAN siguiendo las definiciones. Debes seguir la numeración y colocar una sílaba en cada casilla, comenzando desde el centro hacia fuera.

1. Persona que aspira a un cierto cargo.
2. Candelero con varios brazos.
3. Cosa que se repite insistentemente.
4. Recipiente para transportar agua.
5. Mar que se encuentra en el norte de España.
6. Acción de cancelar.
7. Recubrimiento que se coloca en las esquinas.
8. Contiene una colección de canciones.

RETO 63

★★★

EXPERTO

SOLUCIÓN Y PUNTUACIÓN RETO 63

OBJETIVO DEL JUEGO: Completar una parrilla respondiendo a definiciones.
TIPOLOGÍA: Juego de cuadrícula.

RESPUESTA:

PUNTUACIÓN: / 10

- Has encontrado todas: **10 PUNTOS**
- Has encontrado entre 5 y 7: **7 PUNTOS**
- Has encontrado entre 1 y 4: **3 PUNTOS**
- No has encontrado ninguna: **0 PUNTOS**

PALABRAS BIFRONTE

Empareja las siguientes definiciones de modo que correspondan a dos palabras bifrontes, es decir, que se puedan leer en ambos sentidos.

TIPO DE CACTUS ORIGINARIO DE MÉJICO

FLECHA

CIERTO DESPACHO ESTADOUNIDENSE

QUE NIEGAN LA EXISTENCIA DE DIOS

TOMAR CON LA MANO

MANIFESTACIÓN DE ALEGRÍA

PROCEDENTE DE LAPONIA

ELIMINO LA SUCIEDAD CON AGUA

RETO 64

★★★

EXPERTO

SOLUCIÓN Y PUNTUACIÓN RETO 64

OBJETIVO DEL JUEGO: Encontrar palabras bifrontes a partir de definiciones.
TIPOLOGÍA: Palabras bifronte.

RESPUESTA:

NOPAL: Tipo de cactus originario de Méjico.

LAPÓN: Procedente de Laponia.

ATEAS: Que niegan la existencia de Dios.

SAETA: Flecha.

ASIR: Tomar con la mano.

RISA: Manifestación de alegría.

OVAL: Cierto despacho estadounidense.

LAVO: Elimino la suciedad.

PUNTUACIÓN: / 10

- Has acertado todas: **10 PUNTOS**
- Has acertado 5 y 7: **7 PUNTOS**
- Has acertado entre 1 y 4: **3 PUNTOS**
- No has acertado ninguna: **0 PUNTOS**

UNA LETRA MÁS

Añade una letra en cualquier posición de las palabras de la izquierda para formar nuevas palabras que coincidan con una de las definiciones.

R U T A	Cubrir con pintura una superficie.
H E R I R	Ceremonia de unión matrimonial.
D I G O	Color acromático.
J U G A R	Flecha pequeña para jugar.
P I N A R	Calentar un líquido.
B A N C O	Que se lo merece.
D A D O	Deliberar y emitir sentencia o dictamen.
B O A	Cueva en el interior de una roca.

RETO 65

★★★

EXPERTO

SOLUCIÓN Y PUNTUACIÓN RETO 65

OBJETIVO DEL JUEGO: Añadir una letra para encontrar una nueva palabra.
TIPOLOGÍA: Cambio. Formar nuevas palabras añadiendo una letra.

RESPUESTA:

GRUTA	Cueva en el interior de una roca.
HERVIR	Calentar un líquido.
DIGNO	Que se lo merece.
JUZGAR	Deliberar y emitir sentencia o dictamen.
PINTAR	Cubrir con pintura una superficie.
BLANCO	Color acromático.
DARDO	Flecha pequeña para jugar.
BODA	Ceremonia de unión matrimonial.

PUNTUACIÓN: / 10

- Has encontrado todas: **10 PUNTOS**
- Has acertado entre 5 y 7: **7 PUNTOS**
- Has acertado entre 1 y 4: **3 PUNTOS**
- No has acertado ninguna: **0 PUNTOS**

RETO 66

★★★

EXPERTO

¿CÓMO SON?

Fíjate en los ejemplos.
¿Te atreves a poner a prueba tu creatividad? Encuentra definiciones ingeniosas para cada uno de los nombres:

MARCO → Siempre pegado a los cuadros.

VICTORIA → Le gusta ser ganadora.

ÁNGEL → Está siempre en las nubes.

PÍA → ....

AURORA → ....

ROSA → ....

PLÁCIDO → ....

JULIO → ....

SOLEDAD → ....

BÁRBARA → ....

SOLUCIÓN Y PUNTUACIÓN RETO 66

OBJETIVO DEL JUEGO: Encontrar definiciones graciosas.
TIPOLOGÍA: Juego de ingenio lingüístico.

RESPUESTA:

Una posible respuesta es:

MARCO	→	Siempre pegado a los cuadros.
VICTORIA	→	Le gusta ser ganadora.
ÁNGEL	→	Está siempre en las nubes.
PÍA	→	Canta como un pájaro.
AURORA	→	Es la primera en levantarse.
ROSA	→	La encuentras siempre en el jardín.
PLÁCIDO	→	Es un chico muy tranquilo.
JULIO	→	Le encanta el calor.
SOLEDAD	→	Tiene pocos amigos.
BÁRBARA	→	¡Es genial!

PUNTUACIÓN: / 10

- Has encontrado 7 definiciones: **10 PUNTOS**
- Has encontrado entre 5 y 6: **7 PUNTOS**
- Has encontrado entre 1 y 3: **3 PUNTOS**
- No has acertado ninguna: **0 PUNTOS**

PALABRA INCÓGNITA

¿Puedes encontrar una palabra de seis letras y sus anagramas con las pistas que te proporcionamos? El número detrás de cada palabra indica cuántas letras comparte con la palabra incógnita.

MANDRIL	=	3
DUNA	=	0
LINEAL	=	2
EUROPA	=	4
ANGULA	=	0
GALERNA	=	2

_ _ _ _ _ _

RETO
67
★★★
EXPERTO

SOLUCIÓN Y PUNTUACIÓN RETO 67

OBJETIVO DEL JUEGO: **Encontrar una palabra incógnita a partir de otras palabras.**
TIPOLOGÍA: **Juego de ingenio y vocabulario.**

RESPUESTA:

DUNA y ANGULA nos dan muchas pistas sobre las letras que hay que eliminar.

La palabra incógnita es: **PREMIO**.

Y sus anagramas: **OPRIME** e **IMPERO** (de la primera persona del presente de indicativo del verbo imperar).

PUNTUACIÓN: / 10

- Has encontrado 3 palabras: **10 PUNTOS**
- Has encontrado 2 palabras: **7 PUNTOS**
- Has encontrado 1 palabra: **3 PUNTOS**
- No has encontrado ninguna: **0 PUNTOS**

PALABRAS DIFÍCILES

Elige la opción que mejor defina las siguientes palabras difíciles.

MELIFLUO

Sonido delicado ☐ Fruta tropical ☐ Vasija ☐

JURUNTUNGO

Pieza de ropa ☐ Lugar lejano ☐ Manjar ☐

GOZNE

Dulce danés ☐ Bisagra ☐ Planta comestible ☐

YACIJA

Lecho, cama ☐ Fular de hilo ☐ Utensilio de campo ☐

CERNÍCALO

Seta ☐ Adorno retorcido ☐ Ave de rapiña ☐

RETO 68

★★★

EXPERTO

SOLUCIÓN Y PUNTUACIÓN RETO 68

OBJETIVO DEL JUEGO: Hallar la definición correcta entre varias opciones.
TIPOLOGÍA: Vocabulario.

RESPUESTA:

MELIFLUO

Sonido delicado [X] Fruta tropical [ ] Vasija [ ]

JURUNTUNGO

Pieza de ropa [ ] Lugar lejano [X] Manjar [ ]

GOZNE

Dulce danés [ ] Bisagra [X] Planta comestible [ ]

YACIJA

Lecho, cama [X] Fular de hilo [ ] Utensilio de campo [ ]

CERNÍCALO

Seta [ ] Adorno retorcido [ ] Ave de rapiña [X]

PUNTUACIÓN: / 10

Cuenta **DOS PUNTOS POR CADA PALABRA** que hayas acertado.

EQUIPADO ....

DAÑINO ....

DESPRECIAR ....

FECUNDIDAD ....

BENÉFICO ....

DESCUIDADO ....

ANTÓNIMOS

Escribe antónimos de las palabras de la izquierda. Todos deberán tener once letras, ni más ni menos.

RETO
69
★★★
EXPERTO

SOLUCIÓN Y PUNTUACIÓN RETO 69

OBJETIVO DEL JUEGO: Encontrar antónimos.
TIPOLOGÍA: Sinónimos y antónimos.

RESPUESTA:

EQUIPADO	DESPROVISTO
DAÑINO	BENEFICIOSO
DESPRECIAR	REVERENCIAR
FECUNDIDAD	ESTERILIDAD
BENÉFICO	PERJUDICIAL
DESCUIDADO	ESCRUPULOSO

PUNTUACIÓN: / 10

- Has acertado las 6: **10 PUNTOS**
- Has acertado 4 o 5: **7 PUNTOS**
- Has acertado entre 1 y 3: **3 PUNTOS**
- No has acertado ninguna: **0 PUNTOS**

LETRAS Y NÚMEROS

En este breve relato, hay diecinueve números (en letras) escondidos, ya sea dentro de una palabra o entre dos palabras. ¿Puedes encontrarlos? Los números pueden repetirse.

La abuela Rosa se abrochó la camisa; entonces, vio a Pablo y a María entrar derrotados. Pablo entrecerró la puerta de la cocina. María estaba muy enfadada. Se sentaba mirando qué faltaba en la despensa para hacer la lista de la compra: caldo, cerezas, melón, cereales y carne de vacuno —decía con voz fuerte y cada vez más creciente—. Gritaba: «No quiero gastar tanto, no quiero que lo niños derrochen tabletas de chocolate, ¡ya no quedan! Ni bizcocho, tampoco queda. Es fácil dejarse tentar por el dulce, pero no puede ser. Pondré candados en los armarios. Tengo mucha paciencia, pero a partir de ahora voy a ponerme en plan militar. Escuché contar a un científico que están naciendo bebés con diabetes. Tuve interés en seguir la noticia porque el tema me provoca estrés».

RETO
70
★★★
EXPERTO

SOLUCIÓN Y PUNTUACIÓN RETO 70

OBJETIVO DEL JUEGO: Hallar dentro del texto palabras que entre sus letras contengan números.
TIPOLOGÍA: Juego de ingenio lingüístico.

RESPUESTA:

La abuela Rosa se abrochó la camisa; entonces, vio a Pablo y a María entrar derrotados. Pablo entrecerró la puerta de la cocina. María estaba muy enfadada. Se sentaba mirando qué faltaba en la despensa para hacer la lista de la compra: caldo, cerezas, melón, cereales y carne de vacuno —decía con voz fuerte y cada vez más creciente—. Gritaba: «No quiero gastar tanto, no quiero que lo niños derrochen tabletas de chocolate, ¡ya no quedan! Ni bizcocho, tampoco queda. Es fácil dejarse tentar por el dulce, pero no puede ser. Pondré candados en los armarios. Tengo mucha paciencia, pero a partir de ahora voy a ponerme en plan militar. Escuché contar a un científico que están naciendo bebés con diabetes. Tuve interés en seguir la noticia porque el tema me provoca estrés».

PUNTUACIÓN: / 10

- Cuenta **UN PUNTO POR CADA DOS PALABRAS** que hayas encontrado. Si encuentras las 19 anot
10 PUNTOS

CRUCIGRAMA

Sitúa las ocho palabras en el crucigrama. Te proporcionamos dos letras como pistas.

- CASERÓN
- TULIPÁN
- DOMADOR
- RODAPIÉ
- SEMILLA
- SIAMESA
- NARANJA
- CADETES

RETO 71

★★★

EXPERTO

SOLUCIÓN Y PUNTUACIÓN RETO 71

OBJETIVO DEL JUEGO: Completar una parrilla sin definiciones.
TIPOLOGÍA: Juego de cuadrícula.

RESPUESTA:

C	A	D	E	T	E	S
A		O		U		I
S	E	M	I	L	L	A
E		A		I		M
R	O	D	A	P	I	E
O		O		A		S
N	A	R	A	N	J	A

PUNTUACIÓN: / 10

- Has acertado las 8: **10 PUNTOS**
- Has acertado entre 4 y 7: **7 PUNTOS**
- Has acertado entre 1 y 3: **3 PUNTOS**
- No has acertado ninguna: **0 PUNTOS**

FALSOS DERIVADOS

¿Eres capaz de discernir entre las parejas de palabras que son verdaderas derivadas de las que son falsas derivadas?

MEJILLA / MEJILLÓN
☐ Verdadero ☐ Falso

BUZO / BUZÓN
☐ Verdadero ☐ Falso

BOCA / BOCADILLO
☐ Verdadero ☐ Falso

GATA / REGATA
☐ Verdadero ☐ Falso

ÁRBOL / ARBOLEDA
☐ Verdadero ☐ Falso

MESA / PROMESA
☐ Verdadero ☐ Falso

PELO / PELUSA
☐ Verdadero ☐ Falso

MAR / SUBMARINO
☐ Verdadero ☐ Falso

SILLA / PRESILLA
☐ Verdadero ☐ Falso

GOL / GOLOSO
☐ Verdadero ☐ Falso

BELLA / BELLOTA
☐ Verdadero ☐ Falso

COLMO / COLMILLO
☐ Verdadero ☐ Falso

RETO 72
★★★
EXPERTO

SOLUCIÓN Y PUNTUACIÓN RETO 72

OBJETIVO DEL JUEGO: Distinguir los falsos derivados.
TIPOLOGÍA: Juego de vocabulario.

RESPUESTA:

Pareja	Verdadero	Falso
MEJILLA / MEJILLÓN		X
BUZO / BUZÓN		X
BOCA / BOCADILLO	X	
GATA / REGATA		X
ÁRBOL / ARBOLEDA	X	
MESA / PROMESA		X
PELO / PELUSA	X	
MAR / SUBMARINO	X	
SILLA / PRESILLA		X
GOL / GOLOSO		X
BELLA / BELLOTA		X
COLMO / COLMILLO		X

PUNTUACIÓN: / 10

- Has acertado las 12: **10 PUNTOS**
- Has acertado entre 9 y 11: **8 PUNTOS**
- Has acertado entre 5 y 8: **5 PUNTOS**
- Has acertado entre 1 y 4: **3 PUNTOS**
- No has acertado ninguna: **0 PUNTOS**

RECUENTO DE PUNTUACIÓN

Calcula tu puntuación y nota de eficacia en juegos de palabras de nivel experto, según el reto planteado.

TIPOLOGÍA	INGENIO LINGÜÍSTICO	JUEGOS DE CUADRÍCULA	VOCABULARIO	ESPONERISMOS	SINÓNIMOS Y ANTÓNIMOS	PALABRAS POLISÉMICAS	BIFRONTES Y PALÍNDROMOS	PALABRAS PENTAVOCÁLICAS	OTROS
Nº DE RETO	50, 55, 57, 59, 62, 66, 67, 70	52, 58, 63, 71	49, 51, 68, 72	65	69	53	64	61	54, 56, 60
Suma de las puntuaciones dividida por el número de preguntas	___ / 8	___ / 4	___ / 4	________	________	________	________	________	___ / 3
PUNTUACIÓN TOTAL sobre 10	________	________	________	________	________	________	________	________	______

LA AUTORA DE ESTE CUADERNO

Àngels Navarro (Barcelona, 1958) es licenciada en psicología escolar y especialista en desarrollo cognitivo. Su formación, así como su interés por la neurociencia y el desarrollo de la mente, la han llevado a su ocupación actual: la creación de juegos de ingenio para libros, periódicos, exposiciones, empresas, escuelas y televisión. Publicó su primer libro en 2003 y en este momento es autora de más de doscientos títulos, muchos de ellos traducidos y publicados en treinta países. Actualmente, colabora como psicóloga en la Clínica del Sueño del Dr. Estivill. Con Larousse Editorial ha publicado *Enigmas para darle al coco* (2019), *Preguntas para darle al coco. Juegos de ingenio* (2022), *Mis ejercicios GYM razonamiento* (2022), *Mis ejercicios GYM agilidad mental* (2022), *Preguntas para dale al coco. Cuerpo humano* (2023) y *Mis ejercicios GYM ilusiones ópticas* (2024).